保育学生のための

「幼児と言葉」
「言葉指導法」

馬見塚昭久/小倉直子

［編著］

ミネルヴァ書房

はじめに

　言葉は大切な文化であると同時に、思考やコミュニケーションに欠かせない道具でもあります。ところが近年、少子化や地域の遊び場消失による原体験の希薄化、通信機器の利便性向上によるコミュニケーション不足、家庭や地域の教育力低下など、子どもたちの言葉を育てる環境が極度に貧しくなっていると言われます。これからの時代、保育・幼児教育の重要性が広く認識され、保育者に対する期待はますます高まっていくことでしょう。

　「教育」と聞くと、どうしても言葉を「教える」様子がイメージされるかもしれませんが、言葉を覚えて使えるようになることだけが幼児教育の目的ではありません。子どもたちは、遊びを中心とした活動や保育者との関わりを通して自ら言葉を獲得し、人間としても成長していきます。領域「言葉」の学習は、子どもたちの言葉を豊かに育むための関わり方を学ぶとともに、人間としての成長や文化の発展について考えることのできる保育者となることを目指しているのです。

　保育・幼児教育の仕事は、子どもの健やかな成長を支えるたいへん責任の重い尊い仕事です。当然のことながら、保育者は理想の保育を目指して、子どもたちと一緒に歩み続けることができる人でなければなりません。本書で学ばれる皆さんはどうか誇りを持ってこの道を歩んでいってほしいと思います。

　子どもたちとともに泣いたり笑ったりして過ごす時間を心から楽しみ、現場で活躍される保育者となることを心から願っております。

2021 年 11 月

編者
馬見塚昭久
小倉直子

1

目 次

第2部　言葉指導法

本書の特徴と使い方

　本書は、保育者養成校における「幼児と言葉」（第１部）および「言葉指導法」（第２部）のテキストとして執筆しました。

　わかりやすく、しかも内容の濃い学習ができるように工夫しました。どちらも８章立てですが、各章が２節（14章は３節、16章は１節）で構成されているため、全部で15回の授業にも対応しています。学習の際には、まず各章の記述を読み、内容のあらましを理解してください。その後、「アクティビティ」や「演習課題」に取り組み、考えを深めましょう。

第1部
幼児と言葉

人間と言葉

この章で学ぶこと○○○

● 言葉の不思議で奥深い側面について考えよう。

●「話し言葉」と「書き言葉」の主な機能について理解しよう。

学びのキーワード

記号体系　言霊　忌み言葉　言祝ぎ

言語学　ソシュール　言葉の機能

1　言葉と文化

1．言葉と言語

　「言葉」とは一体何でしょう。ふだん、何げなく言葉を発している私たち人間にとって、言葉は当たり前すぎる空気のようなものかもしれません。しかし、「いつ、誰がつくったのだろう」「なぜ言葉が通じるのだろう」などなど、改めて考えてみると、言葉はとても不思議な存在です。

　「言葉」を辞書で引いてみますと、「ある意味を表すために、口で言ったり字に書いたりするもの。語。言語」（広辞苑第七版、下線は筆者による。以下同様）とあります。なるほど、言葉は「言語」とほぼ同義のようですが、この説明だけでは本質的なことはよくわかりません。

　今度は「言語」を引いてみましょう。「人間が音声または文字を用いて思想・感情・意志などを伝達したり、理解したりするために用いる記号体系。また、それを用いる行為。ことば」（広辞苑第七版）とあります。

　「記号体系」という言葉が出てきました。「記号」とは、ある特定の意味内容をわかりやすく伝えるための符号などのことです。たとえば、

音楽の強弱記号や奏法記号などは皆さんもよくご存知でしょう。また、「体系」とは、個別のものを組織した全体のことで、最近ではオペレーティングシステムやネットワークシステムなど、しばしば「システム」という言葉に置き換えられて使われています。

「言葉」という概念の全体が「記号体系」だということになりますと、一つひとつの言葉は記号そのものです。教科書、筆箱、消しゴムなどといった言葉は、♯（シャープ）や♭（フラット）と同じように記号そのもの、ということになるでしょう。しかし、言葉には確かに記号としての働きもありますが、それが言葉の本質のすべてというわけではありません。言葉にはもっと不思議で奥深い側面があるのです。

2．文化の源泉

「言葉は記号である」という考え方の根底には、「言葉が生まれる前に、その物や概念が存在していた」、「言葉とは、その物や概念の名称である」という根本的な誤解があります。なるほど、机や椅子、教科書やノートなど、私たちは名前をもったものに囲まれていますし、授業や学習、愛や努力といった抽象的概念も日々口にしています。これらの事物が昔から存在していたかのように錯覚してしまうのも無理はありません。しかしながら、ものと言葉、概念と言葉は、厳密な定義で関連付けられたものもありますが、多くの場合、一対一で対応しているわけではありません。

たとえば「机」という言葉が何を意味するのか、おそらく皆さんの認識は千差万別でしょう。もしも言葉が記号であるなら、「♯」が「半音上げる」という普遍的な意味をもつように、

「机」という言葉は、誰にとっても同じ意味内容をもっているはずです。

　ところが、私が「新しい机が欲しい」と発言したときの「机」と皆さんが受け止めた「机」の意味内容は、おそらく同じではありません。学習机を思い浮かべる人、スチール製の事務机だと考える人、パソコンデスクを想像する人などまちまちだと思います。あるいは天然木の高級机や古風な文机をイメージする人もいることでしょう。しかし、私が欲しいのは、講義をするための新しい教卓かもしれません。

　そもそも、どのようなものを机というのでしょう。たとえば、寺院にある小さな仏供机は机というより台という感じですが、皆さんの考える「机」に入るでしょうか。膾机というものもあります。膾づくり専用のまな板ですが、料理人さんはこれを机と呼んでいます。あるいは和室にある座卓は机と呼べるでしょうか。多目的に使えるサイドテーブルはどうでしょう。会議室にある大きな円卓は「机」と呼ぶことが多いようですが、同じものがレストランに置いてあっても、やはりそれは「テーブル」ではなくて「机」なのでしょうか。

　もうお気づきですね。机という言葉が生まれる前に机があったわけではないのです。机と似たような働きをするものは存在したでしょうが、それは「机」としてあったわけではありません。今日の机に似たようなものを誰かが「机」と呼び始めたことから、世の中の事物から徐々に机らしきものが分節され、机という言葉が独立して意味をもつようになったのです。

　もう一つ例をあげましょう。明治時代になるまで、日本には今日のような「小説」を意味する言葉はありませんでした。いえ、言葉だけではありません、そもそも「小説」の概念がなかったのです（「小説」という言葉そのものはありましたが、文字通り、小さな出来事の説明を意味していたようです）。

　明治維新後、坪内逍遥が『小説神髄』で「小説」という言葉を“novel”の訳語として使ったことから、この言葉が広まりました。もちろん、

8

過去にも小説と呼べそうな文学作品はあったかもしれませんが、その作品が「小説」であるためには、「小説」という言葉が存在しなければならなかったのです。

　典型的な例として、平安時代の『源氏物語』があげられます。この作品は現在、「世界初の本格的長編小説である」とか、「1000 年も前にこのような小説が存在したことは文学史上の奇跡である」などと評価されています。もちろん、当時から絵巻物にされるほど人気があったわけですが、小説的価値が評価されてきたわけではありません。

　「小説」という言葉を具体的に定義することは困難ですが、たとえば、小説には場面の情景描写や登場人物の心理描写に長けているという特徴があります。『源氏物語』が貴族たちの華やかな生活や喜怒哀楽を描いた「物語」としてではなく、登場人物たちの息遣いや心の深みを鮮やかな情景とともに描いた「小説」として評価されるためには、「小説」という言葉とそれに付随する概念が必要だったのです。

　つまり、知覚対象は、言葉によって世界から切り分けられ、名前をもったときにはじめて存在するのであって、もとから独立してあったわけではありません。「物語」という大きな連続体であった文学作品に対して、人々がある対象を「小説」という言葉で表現するようになったことで、「小説」が分節され、その意味や概念が形成されていったのです。今後も「小説」という言葉の概念は絶えず揺れ動いていくでしょうし、この言葉そのものがいつまで存続するのかもわかりません。

　言葉は、文化を生み出しつつ、ダイナミックに変化しています。私たちが口にする言葉は、絶えず変化しつつさまざまな感情や思念を呼び覚ます、摩訶不思議な文化の源泉なのです。

3．言葉の力

　洋の東西を問わず、言葉は不思議で尊いものと考えられてきました。たとえば、『新約聖書』のヨハネ伝は、「In the beginning was the

Word, and the Word was with God, and the Word was God.（はじ
めに言葉があった。言葉は神とともにあった。言葉は神であった^{★1}」と
いう文で始まっています。

　また、古代インドでは、マントラと呼ばれる聖なる言葉（呪文）が
さまざまな儀式で使われていました。これは仏教に取れ入れられ「真
言」として日本にも伝わっています。

　神道で唱えられる「祓詞」（穢れを祓い清める言葉）や「祝詞」（祝
福の言葉）も聖なる言葉といえますが、日本では、日常的な言葉その
ものに霊が宿り、力を発揮すると考える文化がありました。

神代より　言ひ伝て来らく
そらみつ大和の國は　皇神の
嚴しき國　言霊の　幸はふ國と
語り継ぎ　言ひ継がひけり　〈後略〉

山上憶良「好去好来の歌」『万葉集 巻五』より

大意　神代の大昔から伝えられてきたことだが、大和の国は神が威厳をもっ
て統治なさる国であり、言葉の力が繁栄をもたらす国だと、語り継ぎ言い継
がれてきた。

　これは、山上憶良が遣唐使の無事を祈って詠んだ歌の一節です。
「言霊」とは、「言葉に宿っている不思議な力、霊威」のことで、「古代、
その力が働いて言葉通りの事象がもたらされると信じ」（いずれも広
辞苑第七版）られていました。「幸はふ」は「さきわう」と読み、「豊
かに栄える」という意味で、この歌のあと、神々による守護を願う言
葉が続き、「どうかご無事で、お元気にお帰りください」という意味
の言葉で締めくくられます。

　つまり、当時（奈良時代）の人々にとって、言葉は単なる意思伝達

★1　ただし、ここでいう〈Word〉とは、一般的な「言葉」のことではなく、神聖な〈世界を形
　　成する理法・神の言葉〉のニュアンスが強いといわれている。

の道具ではなく、現実をも動かしうる力のある存在だったのです。この思想は、言葉に関するさまざまな慣習を生み出しました。

『千と千尋の神隠し』（スタジオジブリ、2001）という素晴らしいアニメ映画があります。この作品の中に、お湯屋を経営する湯婆婆というう魔女が出てきます。彼女は従業員の名前を奪って支配しており、千尋も本来の名前を奪われ、千に変えられてしまいます。名前を奪って支配するなど、現代人には荒唐無稽なことだと思われるかもしれませんが、実は150年ほど前までの人々にとっては当たり前のことでした。日本では長い間、人名にはその人の霊が宿っていると考えられ、名前にまつわるさまざまな習わしがあったのです。

そもそも、みだりに人の名前を口にすることは失礼なことと思われており、神様の名前はもちろん、一般庶民が高貴な人の名前を口にすることは禁忌でした。たとえば庶民が「徳川家康様」などと名前を呼ぶことはあり得ないことで、歴代の将軍は公方様と呼びならわしていました。神様の名前も、「お伊勢さん（伊勢神宮：御祭神・天照大神）、祇園さん（八坂神社：御祭神・素戔嗚尊）などと呼ぶのが普通でした。

また、逆に相手に霊的人格を支配されないよう、自分の名前をやたらに教えることもしませんでした。たとえば、平安時代後期に八幡太郎義家という武将がいました。源氏の繁栄の基礎を築いた人物です。彼は、源氏の長男（太郎）だったので幼名は「源太」でした。当時、「太郎」という名前は人名ではなく、長男を意味する普通名詞だったのです。石清水八幡宮で元服して以後は「八幡太郎」と名乗り、ふだん、「義家」という名は隠して使いませんでした。

女性も同様で、心を許した男性など、一部の人にしか名前を教えなかったといいます。『源氏物語』の作者として有名な紫式部は、本名ではありません。父の藤原為時が式部省の役人だったので藤式部と名乗っていたのが、いつしか藤の花色に因んで紫式部と呼ばれるようになったといわれています。清少納言も同様の名付け方ですし、『更級

日記』の作者は菅原孝標女、『蜻蛉日記』の作者は藤原道綱母としか伝わっておらず、本名はまったく知られていません。

　また、山仕事に携わる人々には山言葉というものがあり、たとえば、山の中では「熊」という言葉を使わず、「山親父」、あるいは「黒毛」などと呼んでいました。彼らにとって「熊」は狩りの対象ではありますが、非常に危険で、不意に出てきては困る動物です。名前を呼ぶと現実化して出てきてしまうので、隠し名で呼んだのです。

　言葉に対する畏れの念は、現代でも「忌言葉」や「言祝ぎ」という形で生き残っています。

　結婚式や披露宴などのおめでたい席では、「割れる」「切れる」「戻る」などの言葉は、不吉を呼び寄せる「忌言葉」として禁忌となっていますし、葬式では、「たびたび」「重ね重ね」「引き続き」などの言葉は、不幸の再来を予感させるため禁忌とされています。病院に4号室や9号室（「死」や「苦」を意味する）がないのも言霊意識の名残といえそうです。

　逆に、言葉で祝福することを「言祝ぎ」といいます。最も身近なものは年賀状でしょう。「謹んで新春のお慶びを申し上げます」とか「皆様のご健康を心よりお祈り申し上げます」などと書くことで、新しい年を迎えた喜びを共有し、幸せをより確かなものにしていこうとするものです。

　また、人前結婚式のことを祝言といいますが、これも祝いの言葉を述べて言祝ぐことからそのように呼ばれたのです。最近は少なくなりましたが、仲人が謡曲「高砂」を謡い、夫婦愛と長寿を言祝ぐのが定番でした。

　ほかにも、めでたい意味をもつ言葉や漢字を使った瑞祥地名というものがあります。「埋田」という旧地名を「梅田」に変えたり、新興住宅地に、「緑ヶ丘」「希望ヶ丘」「向陽台」「陽光台」など語感のよい地名をつけたりするなどです。これも言霊思想の現代版といえるかも

しれません。

② 言葉とは何か

1. 言葉を対象とした学問

　言葉を研究対象とした学問を「言語学」といいます。昔から多くの人々が言葉の不思議さに挑み、その本質を解明しようとしてきました。初期の頃は、言葉の根本原理を哲学的に考えることが中心でした。19世紀頃になると、徐々に科学的手法が取り入れられるようになり、言葉の歴史や起源に関心が集まりました。なかでも注目を集めたのは、2つ以上の言語を比較し、文法や言葉の類似性などから共通の祖語を探る「比較言語学」です。

　たとえば、これは近年のものですが、日本語とトルコ語を比較し、その類似性について考察した研究があります。日本語の語順は、通常、〔主語＋目的語＋動詞〕です。英語では、〔主語＋動詞＋目的語〕となりますが、トルコ語は日本語と同じ語順です。

　また、単語にも似たものが多くみられます。日本語に「味」という言葉がありますが、トルコ語にも「aci」という言葉があり、「辛い、味」という意味です。同様に、「乳」は cicik（乳）、「原」は hara（原）、「平ら」は tayra（平らで広い土地）、「固い」は kati（固い）、「濃い」は koyu（濃い）、「斑」は madara（斑）、「お宅」は otag（人の住む場所、家）、「種」は tane（種）、「上手い」は umay（上手い）、「山」は yama（山）、などが一致しています。

　そのほかにも、助詞、助動詞の使い方が似ているなどの共通性があり、この研究では、日本語とトルコ語は共通の言語から発達したので

★2　カレリ フェティ イルマズ「日本語とトルコ語の同系性について」『ことばの科学（19）』名古屋大学言語文化研究会、2006年、99-112頁　※ただし、これを否定する学説もあり、定説とはなっていない。

はないかと考えられる、としているのです。

　しかし、仮に共通の祖語が明らかになったとしても、言語同士の比較だけでは、言葉そのものの起源まで遡ることはできませんし、言葉の本質を解明することは不可能です。

　言語学が大きく発展したのは、19世紀末にソシュール（Ferdinand de Saussure、1857-1913）が登場してからです。ソシュールはスイスの言語学者で、従来からあった言葉の歴史や起源の研究を改め、言葉そのものの構造性を研究しました。第 1 節で紹介した、言葉が生まれる前にその物や概念が存在していたわけではなく、言葉によって世界が切り分けられた結果として物や概念が存在しているのだという考え方は、実はソシュールが提唱したものです。ソシュールは、「近代言語学の父」と呼ばれており、彼の死後、弟子たちが講義の記録をもとに出版した『一般言語学講義』は、今日に続く構造主義言語学の原点とされています。

　構造主義言語学は、その後アメリカで盛んに研究され、大きな発展を遂げました。現在では、子どもの言語習得能力を生得的なものと考えたチョムスキー（Chomsky, A. N.、1928–　）の「生成文法」の理論が言語学の大きな流れとなっています。

　今日、言語学の研究は、文字、社会、心理、地理、音声など幅広い分野に及んでおり、特に、子どもの発達と言葉の関連については、認知科学、言語心理学、発達心理学などの分野でも研究が進められています。

2．言葉の働き

　言葉の働き、機能についてはいろいろな分け方がありますが、ここでは言葉を「話し言葉」と「書き言葉」に分け、それぞれの主な機能について考えてみましょう。

【話し言葉】

①コミュニケーションの手段としての機能

　私たちは言葉によって自分の思いを相手に伝え、相手の思いを受け止めることができます。当たり前すぎて実感しにくいかもしれませんが、言葉はコミュニケーションの手段となる非常に便利でありがたい道具です。

　たとえば、実習に行くとよくわかることですが、1歳児クラスや2歳児クラスでは、友だちが遊んでいる玩具を勝手に横取りする子どもがいて、トラブルになることがしばしばあります。これは言葉が未発達で、自分も遊びたいという気持ちを伝えることができず体が先に動いてしまうためです。

　ところが、3歳児クラス、4歳児クラスになると、「貸して」「いいよ」という言葉によるコミュニケーションが成立するため、そのようなトラブルはあまり見かけなくなります。

　ところで、コミュニケーションというと、一般的には「伝達」という意味に解釈されることが多いようです。辞書にも、「社会生活を営む人間の間に行われる知覚・感情・思考の伝達」（広辞苑第七版）とあります。

　しかし、英語の"communication"には、「共有する」という意味合いが含まれています。言葉を誰かに向けて一方的に発信するだけではコミュニケーションにはならず、相手が発信者の言葉を受け取り、その意味を共有したときに初めてコミュニケーションが成立したことになります。つまり、双方向のやりとりによって、お互いに言葉の意味を共有したとき、コミュニケーションが成立したといえるのです。

　なお、コミュニケーションは、その手段によって、言葉による言語的コミュニケーションと、表情や態度など、言葉によらない非言語的コミュニケーションとに分けられます。

②思考の手段としての機能

「人間は考える葦である」と言ったのはパスカルでしたが、私たち人間の特徴の一つとして、「考える」ということがあげられます。「考える」とは、一体どのようなことなのでしょう。

「考える」を辞書で調べてみますと、「思考をめぐらす。あれこれと思量し、事を明らかにする。思案する」（広辞苑第七版）とあります。

たとえば、私たちは言い知れぬ喜びや楽しさ、寂しさ、恐怖感など、漠然とした思いを抱くことがあります。しかし、その思いそのものは感情の流れであって、「考えている」とは言いません。何か気になることについて、思いや考えをあれこれと意識的にめぐらすとき、これを「考える」というのです。

ところで、皆さんは何か考えごとをするとき、何語で考えているでしょうか。たいていの人は母語で考えていることと思います。日本語を母語とする人なら、日本語で考えるのが普通です。この思考と言葉の関係についての研究で著名なのが旧ソビエトの心理学者、ヴィゴツキー（Vygotsky, L. S.、1896–1934）です。彼は、言葉には外部に発せられる言葉（外言）と、外部に発せられない言葉（内言）があるとし、言語的思考の発達の三段階を次のように示しました。

①言葉がまだ十分には思考の媒介手段として利用されない段階（幼児期前半）
②言葉が外的な記号（自己中心的言語）として思考を媒介し、思考過程を支配する段階（幼児期後半）
③言葉が内的な記号（内言）として思考を媒介し、思考過程を支配する段階（学齢期）

中村和夫『ヴィゴーツキー心理学』新読書社、2004 年、26 頁

ヴィゴツキーによると、②の「自己中心的言語」は思考が外言としてあらわれているもので、やがて③の内言へと発達していきます。こ

のように、言葉の発達と思考の発達には密接な関係があります。言葉が未発達な乳幼児は思考も浅いものですが、言葉の発達にともなって深く複雑な思考ができるようになっていくのです。

なお、乳幼児期に大人たちから言葉をともなう応答的な関わりを受けることが、言葉と思考の発達にいかに大切かは、18世紀末にフランスで発見されたアヴェロンの野生児や1957年生まれのアメリカ人少女、ジーニーの例によってもしばしば説明されています。アヴェロンの野生児とは、森の中で生活していた少年で、推定11歳か12歳頃、地元の猟師によって保護されました。ジーニーは1歳を過ぎた頃、父親に監禁され、外部との接触がないまま13歳で保護されました。

それぞれ、医師や里親が熱心に言葉を教えようとしましたが、いずれも思考力の発達は緩慢で、社会生活を営めるほどに語彙を増やすことはできませんでした。言葉を習得できる年齢には限界があるとする「言語獲得における臨界期仮説」の例証ともされています。

③行動を調整する手段としての機能

②に、「言葉が外的な記号（自己中心的言語）として思考を媒介し、思考過程を支配する段階」とありました。言葉が未発達で思考力も未熟な幼児は、覚えたての言葉を外部に発することで思考をコントロールし、行動を調整する時期があるのです。

たとえば、幼児が砂場で山を作りながら、「トンネル掘って…」「ここが川で…」「お山はもっと高くしなくちゃ」などと独り言のように語っているのを目にしたことはありませんか。

これは、知っている言葉や覚えている知識を自分に向かって発し、行動を調整しているのです。

やがて学齢期が近づくと、わざわざ外に向かって声を出さなくても、内言を用いて行動を調整できるようになります。皆さんも、「来週は試験だから今のうちにしっかり復習しておかなくちゃ」などと、心の中で自分に語りかけ、自分を律することがあることと思います。言葉

には、行動を調整する手段としての機能があるのです。

【書き言葉】

④記録の機能

　書き言葉は、文字を用いた言葉です。書き言葉には、話し言葉で取り上げた機能のほかに、「記録の機能」があります。

　文字がいつ頃から使われ始めたのかについては諸説ありますが、世界史に登場する四大文明（エジプト、メソポタミア、インダス、黄河）はいずれも文字をもっており、早いところでは紀元前3000年頃、つまり、今から5000年ほど前には文字を使っていたことがわかっています。

　よく知られているのは、1799年にエジプトで発見されたロゼッタストーンと呼ばれる石版です。当初、何が書いてあるのかわかりませんでしたが、後に解読され、紀元前196年にプトレマイオス5世によって出された勅令が刻まれていることがわかりました。古代の人々が残してくれた書き言葉、文字を解読することによって、謎とされていた紀元前の様子を知ることができたのです。

　日本でも、それほど古い時代のことではありませんが、たとえば木簡や古文書の発見によって、それまでわからなかった歴史の空白が埋められたという例はたくさんあります。このように、文字には、時間と空間を超えて情報を残す「記録の機能」があるのです。

[図表 1-2-1] **古代文字**

象形文字（エジプト文明）

くさび形文字（メソポタミア文明）

甲骨文字（中国文明）

インダス文字（インダス文明）

演習課題 ❶

① 言葉と文化

■言葉は、人々の生活にどのように役立っているでしょうか。日々の生活を振り返り、ノートにまとめてみましょう。

② 言葉とは何か

■言葉の主な機能について、ノートにまとめましょう。

アクティビティ ❶

① 言葉と文化

　元気が出そうなプラスの言葉、落ち込みそうなマイナスの言葉を探して
ノートに書き出しましょう。書けたら隣同士で声に出して読み、言葉の力
を確かめ合いましょう（※マイナスの言葉で終わると後味の悪さが尾を引
きます。マイナスの言葉は先にまとめて読んでしまったほうが安心です）。

② 言葉とは何か

　隣同士で、励ましの気持ちを伝える手紙を書き合いましょう。また、手
紙には、どのようなよさがあるか、話し合いましょう。

2 乳幼児期の言葉の獲得

この章で学ぶこと・・・

● 乳幼児は自ら言葉を獲得する力をもって生まれてくることを知ろう。

● 乳幼児が言葉と言葉の仕組みをどのようにして見つけているのか、その概略を理解しよう。

学びのキーワード

音素　リズムやイントネーション
ヘレン・ケラー　ガヴァガイ問題

1 なぜ話せるようになるのか

1．人類の進化と言葉

　私たちは物心ついた頃には母国語を使えるようになっており、あまり苦労して言葉を習得した覚えがありません。子どもはどのような道筋をたどって言葉を習得しているのか、考えてみると不思議です。

　そもそも、数ある動物の中で、言葉を使うのは私たちヒトだけです。人類[★1]は一体どのようにして言葉を獲得したのでしょうか。

　人類の起源については諸説ありますが、私たちが属するホモ属は、更新世[★2]（約258万8000年前から1万1700年前）の初期、アフリカに出現したとされています。

　人類が言葉を使うようになった大きな要因の一つとして、二足歩行があげられます。二足歩行そのものは類人猿（ゴリラやチンパンジーなど）をはじめ、さまざまな動物でみられますが、長時間、日常的に

★1　本章でいう「人類」とは、進化の過程で現れた「猿人」「原人」「旧人」「新人」を含めた概念とする。現在、地球上にいる人類は、「新人」の中の「ヒト」、すなわち「ホモ・サピエンス」である。

★2　更新世とは、地球の地質年代の一つ。地質年代は、古い方から先カンブリア時代・古生代・中生代・新生代の4つに区分されており、更新世は新生代の第四紀（約258万8000年前から約1万1700年前）にあたる。

直立二足歩行するのは人類だけです。

　立ち上がって歩くことは、人類に大きな2つの恩恵をもたらしたと考えられています。まず1つ目は、両手が自由に使えるようになったことによる脳の発達です。手を使って作業をすると脳が刺激されて発達します。脳が発達するとさらに複雑で細かい作業が可能になり、そのことがさらなる脳の発達を促すようになり、結果的に脳が進化発達したと考えられるのです。2つ目は、視点が高くなり外界の情報量が多くなったことによる自我意識の発達です。視界が広がり他者の様子がよく見えるようになると、自分と自分でないものとの区別を意識するようになります。その結果、自我意識が発達するとともに他者への働きかけの必要性が増し、表情を作る顔面の筋肉や発声器官が進化し、原始的なコミュニケーションが始まったと考えられるのです。もちろん、人類最初の言葉は、動物の叫び声とそう変わらない、激しい感情を大声で表出するようなものだったのでしょう。

　現生人類であるホモ・サピエンスは、約20万年前にやはりアフリカに現れました。大量の情報を処理できる大きな脳をもち、社会生活を営むようになったため、ついに今日のような複雑な言語を使いこなすようになったと考えられています。

　しかしながら、二足歩行をする動物はたくさんいるのに、ヒトだけが言葉を使うようになった本当の理由はよくわかっていません。進化系統上、人類に最も近いとされるチンパンジーに絵文字を教えると、研究者と簡単な会話ができるようになるそうですが、チンパンジーが絵文字を仲間とのコミュニケーションに使うようなことはありません。

　近年、脳科学やゲノム科学が進み、ミラーニューロン[★3]やFOXP2[★4]遺伝子が言語の獲得に関係しているらしいことがわかってきました。人

★3　ミラーニューロンとは、他者の行動を見たとき、自分が同じ行動をしている時と同じ活動を示す脳の神経細胞。相手の言動の意味を瞬時に理解するのに役立っていると考えられている。

★4　FOXP2とは、遺伝子の一つ。この遺伝子に突然変異が起きると言語を扱うことが困難になるため、言語発達に関わる重要な遺伝子だと考えられている。

類の言葉の獲得に関する霊妙な謎も、今後、少しずつ解明されていく
ことでしょう。

2．大人が教えたから？

　もしも、私たちが異国の地に置き去りにされ、一人で生活しなけれ
ばならなくなったとしたら、その国の言葉を習得するためには何をど
のような手順で進めたらよいでしょうか。本屋を探し、辞書や参考書
を入手して勉強する……。身近な人と身振り手振りでコミュニケー
ションを取りながら単語を教えてもらう等々、皆さんなら、いろいろ
な方法を思いつくことでしょう。

　子どもも、ある日突然、何も知らないこの世界に生まれてくるので
すから、同じような状況に置かれているといっていいかも知れません。
しかし、未知の言葉を勉強しようにも、そもそも勉強するための基礎
となる言葉を持ち合わせていないのですから、皆さんよりも遥かに不
利であることは明らかです。それでも、2 歳頃には語彙が爆発的に増
え（語彙爆発）、5 歳になった頃には日常生活に不自由しない程度の会
話力を身につけてしまいます。一体、子どもはどのようにして言葉を
理解し、話せるようになっていくのでしょうか。

　かつて多くの学者たちは、大人が子どもに対して繰り返し話しかけ
ているうちに、子どもがその言葉を覚え、やがて物と言葉の結びつき
に気づき、真似しながらだんだんと話せるようになるのだと考えてい
ました。つまり、子どもは大人から言葉を教わらなければ話せない存
在だと考えられていたのです。

　もっともらしい理論ですから、世間一般の人々は今でもおおむねこ
のような見方をしているようです。それはたとえば、「知識・語彙を
増やす○○」などと銘打った育児教材が市販されており、それなりに
人気を博していることからも窺えます。

　しかしながら、上記の理論は正しい面もあるのですが、それだけで

は説明のつかないこともあります。小さな子どもをよく観察していますと、たとえば食事中、「どう、おいしい？」という大人からの問いかけに対して、「おいしい、くない！」と答えるようなことがあります。「怖いくない」「汚いくない」といった言い方もよく聞きます。このような誤用を大人が教えることは、まずありません。これは子ども自身が、「飲みたくない」「痛くない」などの言葉から類推して、「～くない」をつければ否定の意味になるという言葉の法則を主体的に見つけ、その仮説を自ら活用したことのあかしだと考えられるのです。

今日では科学的手法による研究が一層進み、子どもは驚異的な能力で未知の言葉を主体的に獲得していることが解明されつつあります。

ここでは、子どもの言葉の発達に関わる研究で著名な針生悦子氏、今井むつみ氏などの研究成果を参考にしながら、子どもの知られざる能力の一部をご紹介しましょう。

3．胎内の記憶

子どもは生まれる前から、言葉を習得するための準備を始めています。お母さんのお腹の中にいるときから、外にいる大人たちの会話を聞いており、日本語特有のリズムやイントネーション（発声の抑揚）に親しんでいるのです。もちろん、胎児は羊水の中にいるわけですから、私たちと同じように聞こえるわけではありません。たとえば外界で 90 デシベルあった音も羊水の中だと 40 ～ 60 デシベル程度に減衰し、高い音ほど吸収され、低い音ばかりが際立ってきます。しかも、胎内は心音や血流音などの音響が錯綜しており、人の話し声もはっきりとは聞き取れません。それでも、胎児は外から聞こえてくる言葉を聞いており、それを母語のリズムやイントネーションとして記憶しているのです。

このことは、特殊なおしゃぶりを使った実験によって確かめられています。特殊なおしゃぶりとは、吸った回数や速さを測定できるよう

になっているもので、これを乳児に与え、吸い方に応じて特殊な音を出すような実験をするのです。たとえば、おしゃぶりを元気に吸っているときに流れる音と、ゆっくり吸っているときに流れる音を変化させます。すると、乳児は自分が聞きたいほうの音が出るように吸い方をコントロールするようになります。

　針生氏はその著書の中で、この特殊なおしゃぶりを新生児に与え、母親が妊娠最後の数週間毎日声に出して読んだ物語と、読んだことのない物語とを聞かせると、前者のほうを聞きたがったという実験結果を示しています。つまり、乳児は胎内にいるときに聞いた言葉を覚えているということがいえるのです。

4．乳児の柔軟性

　言葉の意味を区別する音声の最小単位を「音素」といいます。たとえば、〔さる〕(saru) と〔ざる〕(zaru) の違いを考えたとき、平仮名では「さ」(sa) と「ざ」(za) の違いですが、いずれも共通の母音 (a) を含んでいますから、厳密には、(s) と (z) という子音が違いを区別していることになります。(s) と (z) は、これ以上細かくすることはできません。したがって、(s) と (z) は「音素」ということになります。ちなみにローマ字は表音文字であり、1字が1音素を表す音素文字でもあります。

　この音素の習得について、非常に興味深いことがあります。一般的に、日本人の大人はLとRの聞き分けが苦手だといわれています。筆者も、ネイティブの人がしゃべる〔rice/lice〕〔read/lead〕〔wrong/long〕〔fry/fly〕〔grass/glass〕〔pray/play〕〔right/light〕〔river/liver〕等は、何度聞いても同じ言葉に聞こえてしまいます。

　しゃべるとなるとさらに難しく、英語を母語とする人に、
Last night, I ate rice at the Japanese restaurant.
と言おうとしたところ、うっかり

Last night, I ate lice at the Japanese restaurant.

と言ってしまい驚かれたという笑い話があるのですが、この2つの文を正しく発音できる日本人は少ないでしょう。なぜなら、日本語には（L）の音素も（R）の音素も存在しないからです。

　これらの英単語を強いて日本語で表記するとしたら、〔rice〕も〔lice〕も「ライス」と表記するしかありません。しかし、日本語の「ラ」は、〔ra〕や〔la〕に似ていますが、やはり別の音なのです。

　ところが、乳児は、このLとRの違いを聞き分けています。これも先ほどの特殊な「おしゃぶり」を使った実験やおもちゃを使った実験により確かめられているのです。[5]

　ただ残念なことに、生後10か月ほど経過し、（L）や（R）の音素がない日本語に慣れてくると、これらを聞き分けることはできなくなってしまいます。

　このことから、乳児はどの国の言語でも習得できる柔軟性をもって生まれてくるということ、また、言語能力は母国語の音素に特化して発達するため、やがて必要のない能力は減退してしまうということがいえるのです。

5．リズムやイントネーションが鍵

　言葉を獲得する上でどうしても必要なのは、会話を成り立たせている単語を理解することです。しかし、生まれたばかりの子どもは、大人たちの会話が単語のつながりによって成り立っているということを知らないはずです。それどころか、会話が何らかの意味をもっており、思考や感情を伝達するために使われているということさえ知らないのかもしれません。ところが不思議なことに、子どもは誰に教えられな

★5　今井むつみ氏の著作『ことばの発達の謎を解く』（筑摩書房、2013）によると、たとえば「ra,ra,ra,ra,ra……」と連続的に音を流し、途中で「la,la,la,la,la……」と音が変わると玩具が動き出すような仕掛けを作っておき、それを乳児に何度か見せる。これを繰り返すと、乳児はlaの音に変わった途端、まだ玩具が動いていなくてもそちらに注目するようになるという。

くても、大人の話し声を聞きながら、単語を見つけ出すことができるのです。

　そのカギとなるのが、胎内にいる頃から親しんできたリズムやイントネーションです。子どもは、大人の会話のリズムやイントネーションから文の区切りを発見し、単語を見つけ出すことができるのです。

　たとえば、「おそらくもっているよ」を平仮名で書くとよくわかりませんが、文節の切れ目を意識して声に出してみると、「お空、曇っているよ」か「恐らく、持っているよ」となり、リズムやイントネーションが明らかに違ってきます。子どもはこのような違いを手掛かりに、単語を見つけているのです。そして、意味はわからないながらも、見つけた単語を記憶領域にストックしていきます。

　ただし、実際にはそれほど簡単な話ではなく、大人たちのさまざまな援助も重要です。たとえば母親は、大人に対するような口調で子どもに話しかけることはしません。幼い子どもに対して、ゆっくり、甲高い声で抑揚を強調して話しかけるものです。それは子どもが単語を見つけやすくするために無意識的に配慮しているのだと考えられます。そのような、子どもに寄り添った愛情深い働きかけがあってこそ、子どもたちは存分にその能力を発揮することができるのです。[★6]

　次節では、複雑な会話の中から単語を見つけ、言葉の仕組みを発見する過程を見ていきましょう。

★6　従来、このような声掛け行為を「マザリーズ（育児語）」と呼んでいた。母親特有の行為と考えられていたためだが、父親や祖父母にもみられることが知られてきたため、最近ではあまり使われない。

② 言葉の仕組みを見つける

1．ヘレン・ケラーの体験

前節では、子どもが言葉を習得する驚異的な能力をもって生まれてくることを学びました。しかしながら、子どもは機械的に言葉を覚えていくわけではありません。大人の愛情深い働きかけを基盤としたコミュニケーションが必要で、さまざまなやり取りを通して自ら言葉を発見し、習得していくのです。

ところが、この大切なコミュニケーションの手段を失ってしまった少女がいました。アメリカの社会福祉活動家、ヘレン・ケラー（Helen Adams Keller、1880–1968）です。彼女のことは、さまざまな伝記に書かれており、映画にもなっていますのでご存知の方も多いことでしょう。彼女は、生後19か月のときに高熱に侵され、視力と聴力を失い、話すこともできなくなってしまいました。7歳のときにアン・サリバン（Anne Sullivan）先生を家庭教師として迎え、その献身的な指導によって言葉を覚え、やがてラドクリフ大学（現在のハーバード大学）で学び、数々の著作を残しました。日本にも三度ほど来訪し、全国各地を講演して回った奇跡的な人物です。

彼女の体験は、言葉の発見と習得について非常に示唆に富んでいます。『ヘレン・ケラー自伝』（ヘレン・ケラー、川西進訳、ぶどう社、1982）を見てみましょう。

［図表 2-2-1］映画『奇跡の人』（20世紀フォックス、2001）

　熱病で視力、聴力を失ったあと、彼女は首を横に振ったりうなずいたりする動作によって多少のコミュニケーションを取っていたようですが、周囲の人たちが口で何かを伝え合っていることに気がつき、もどかしさを感じます。伝えたいという思いを十分に伝えられない困惑は、次第にフラストレーションとして蓄積されていきました。

> 　しばらくすると、相手に意志を伝えるなにかの手段がなければどうしてもいたたまれぬほどになって、私は毎日毎日、時には毎時間毎時間、かんしゃくの爆発を起こすようになりました。
>
> 同書、p.25

　そんな彼女のもとにやってきたのがサリバン先生です。先生はヘレンに指文字を教えようとして、しばらく人形で遊ばせた後、手のひらに「D-O-L-L」と書きましたが、言葉の存在を知らないヘレンは、これを単なる指遊びだと思っていました。

　すべてのモノには名前があるのだ、ということをヘレンが理解したのは、数週間後のことです。「M-U-G(マグカップ)」と「W-A-T-E-R(水)」の違いが理解できないヘレンを井戸へ連れて行き、手押しポンプから出てくる水の感触を確かめさせたのです。少し長いですが、そのときの様子を引用しましょう。

> 　私たちは、スイカズラの香りに誘われて、それにおおわれた井戸の小屋に歩いて行きました。誰かが水を汲んでいて、先生は私の手を井戸の口にもっていきました。冷たい水の流れが手にかかると、先生はもう一方の手に、はじめはゆっくり次に速く「水」という字を書かれます。私はじっと立ったまま、先生の指の動きに全神経を集中します。突然私は、なにか忘れていたことをぼんやり意識したような、思考が戻ってきたような、戦慄を感じました。言語の神秘が啓示されたのです。そのとき、「W-A-T-E-R」という

のは私の手に流れてくる、すばらしい冷たいなにかであることを
知ったのです。その生きた言葉が魂を目覚めさせ、光と望みと喜
びを与え、自由にしてくれました。　　　　　　同書、pp.33-34

　この瞬間、ヘレンは物には名前があることを理解したのです。言葉
の扉を開いた彼女は、その後爆発的に語彙を増やし、世の中について
のさまざまな知識をサリバン先生から吸収していきました。

　このエピソードから、どのようなことが言えるでしょうか。最も基
本的なことは、子どもが言葉を習得するためには、「すべての物には
名前があるということ」そして、「言葉を使って思考や感情を伝達す
ることができる」ということに気づく段階が必要だということです。

　また、たとえば、「なにか忘れていたことをぼんやり意識したような、
思考が戻ってきたような」という記述は、片言の言葉を発し始めてい
た19か月までの生活がいかに重要かを物語っていますし、「生きた言
葉が魂を目覚めさせ、光と望みと喜びを与え、自由にしてくれました」
というくだりは、実体験と言葉がつながることの大切さを教えてくれ
ています。

２．単語と助詞の発見

　次は、ぐずっている乳児を母親があやしている、日常の一場面です。
口に出して読んでみてください。

> 「はいはい、どうしたの泣いちゃって。お腹がすいちゃったのかな。
> ミルクが欲しいんだよね。ユウキ君のお腹がグーグー鳴っていまー
> すって。あれー、ミルクより抱っこがいいのかなー」

　このような言葉を日常的に聞いている子どもは、意味はわからない
ながらも、「はいはい」「どうしたの」「泣いちゃって」等々、言葉の
切れ目を認識し、それを記憶していきます。こうして子どもは徐々に

言葉のストックを増やしていくのですが、やがてその記憶された言葉の中から規則性を見つけ出し、言葉には単語だけではなく、助詞（格助詞）[★7][が・の・を・に・で・と] などがあることにも気づいていくのです。

　たとえば上記の例ですと、「お腹が」「ミルクが」「抱っこが」など、言葉の切れ目に「が」が頻繁に使われています。すると、物には名前があって、「お腹」が何か物の名前を示しているらしいこと、また、言葉には単語のほかに、前後を結びつける語があるらしいことにも気づいていくのです。ひとたびこのような関係性を見つけると、これを手掛かりとして、次々と単語を見つけられるようになるのです。

　ところで、格助詞は一音節のものが多いのですが、母親はよく、小さな子どもに対して「手」や「目」など一音節の言葉を伝えようとするとき、「おてて」「おめめ」と表現します。このことについて今井むつみ氏が大変興味深い見解を示しています。「おてて」「おめめ」ということで、子どもが「手」や「目」を一音節の助詞と間違えないようにしているのだというのです。また、実際、子どもたちがしばしば「蚊に刺された」を「かにささされた」、「血が出た」を「ちががでた」などと言い間違いすることを取り上げ、それらを、子どもたちが知らず知らずにしている賢い分析の反映であると語っています。

3．ガヴァガイ問題

　こんな状況を想像してみてください。あなたは、未知の言語を話す人（Aさん）と野中の道を歩いています。すると突然、草むらから白いうさぎが飛び出してきました。それを見てAさんが「ガヴァガイ！」と叫びました。あなたはその言葉をどう解釈するでしょうか。

　もちろん、「なるほど、『白うさぎ』のことを『ガヴァガイ』と言う

★7　今井氏は「機能語（付属語）」という広い概念を使って説明しているが、ここでは話を簡単にするため助詞（特に格助詞）に限定する。

のだな」と解釈することもできますが、よく考えてみますと、「動物だ！」とか「見ろよ！」と叫んだ可能性もあります。つまり、物を示して単語を言っただけでは、その意味を伝えたことにはならないのです。

　これは、アメリカの哲学者、クワイン（Willard van Orman Quine、1908 - 2000）が指摘した問題で、「ガヴァガイ問題」と言われています。

　実際、子どもに向かって、「ほら、向こうからワンワンが来たよ」と言って「犬」を教えても、子どもが理解したのは「小さくてふわふわしたもの」であったり「四本足のもの」であったりして、その後、ふかふかのクッションを見たら「ワンワン」と言ったとか、猫を見ても「ワンワン」と言った、というような例がたくさんあります。言葉を覚え始めた子どもは、日々、このガヴァガイ問題に遭遇しているのです。

　ソシュールの研究者である丸山圭三郎氏（1933-1993）も著書の中で興味深いエピソードを語っています。

　ある日、氏が電車に乗っていると、母親と一緒に座っていた3歳くらいの女の子が「デンシャ、デンシャ」と、習いたての単語を口の中でつぶやきながら手すりや座席を触って確かめていました。そのうち女の子は首をかしげながら母親にこう尋ねたといいます。

　「ママ、デンシャって人間？　それともお人形？」

　一見、突飛な質問に思えますが、おそらく、この女の子にとっての「人間」とは、たとえば「動く柔らかいもの」であり、「人形」とは、「動かない固いもの」だったのでしょう。そこに「デンシャ」という「動く固いもの」が登場したのですから、彼女が混乱したのも無理はありません。このエピソードについて丸山氏は「言葉を覚えはじめたばかりの幼児にとっては、毎日の瞬間、瞬間が新しい分節、つまり世界の意味づけ行為の連続なのだ」と述べ、「くりかえし、くりかえし命名を通して、知覚の上に刻一刻と密になる認識の網の目がかぶせられ、本能図式[8]は言葉による再編成を強いられる[9]」と結論づけています。

　今日では、今井氏らの研究によって、子ども（今井氏の研究では２歳児）がある物の名前を覚えたとき、それを固有名詞ではなく一般名詞として認識すること、そして一般化するときの拠りどころは、色や模様、材質ではなく、「形」であることがわかっています。[★10]

４．動詞への気づき

　「いけに**かえる**がいたよ」（池に蛙がいたよ）

　「もうすぐ**かえる**よ」（もうすぐ帰るよ）

　皆さんは、この例文の「蛙」と「帰る」が同音ではあっても、まったく意味の違う言葉であることを知っています。では、子どもはどのようにしてこの違いを見分けるのでしょうか。文法的な解釈をすれば、「蛙」は名詞であり、「帰る」は動詞です。名詞は活用がなく、その後に格助詞が続くことがよくあります。「蛙が跳ねた」「蛙の合唱」「蛙をつかまえた」「蛙に逃げられた」などです。

　一方、動詞には活用があり、「帰る」は

　未然形「かえ-ら（ない）、かえ-ろ（う）」

　連用形「かえ-り（ます）、かえ-っ（た）」

　終止形「かえ-る」

　連体形「かえ-る（とき）」

　仮定形「かえ-れ（ば）」

　命令形「かえ-れ」

　と変化します。中学生の頃、苦労して覚えたと思いますが、「らりるれろ」と五段にわたって活用するので、動詞の「帰る」は「五段活用」

★8　本能図式とは、丸山氏の造語。ここでは、人が生まれながらにしてもっている認識力に基づく世界観のこと。

★9　丸山圭三郎『言葉と無意識』講談社、1987年、24-25頁

★10　今井氏は次のような実験によって確かめている。２歳児に架空の動物のぬいぐるみを見せ、「これはネケだよ」と教える。その言葉を覚えたらネケを一旦隠し、色、形、模様、材質などが違う別のものを４つ混ぜて再び見せ、「ネケをちょうだい」と言う。すると、２歳児は教えられたネケだけでなく、形の同じものを一緒に選んだという。

ということになります。

　小さな子どもはもちろん、皆さんが習ったような難しい文法は教えてもらえません。しかし、誰に教わらなくても、無意識的に言葉のつながりや対応関係を調べ、文法的な要素に気づいていきます。

　先の「お腹がグーグー鳴っていまーす」の例で言えば、名詞の「お腹」と動詞の「鳴る」は、後に続く言葉が違っています。「お腹が」と「鳴っている」というように、「〜が」というパターンと、「〜ている」といったパターンの違いから、言葉には物の名前を表す言葉（名詞）のほかに、動作を表す言葉（動詞）があることを自ら発見し、使い分けられるようになっていくのです。

　ただし、このように動詞の活用や自動詞と他動詞の違いを状況に応じて使い分けることは、子どもにとって非常に難しいことです。たとえば、「あげる」と「くれる」の違いがよくわからず、「はい、これくれる」と差し出したり、ボールを「ここに当てて」と言えずに「ここに当たって」と言ったりするなどの誤用がみられます。

　子どもはそのような難しさをよく心得ていて、しばしば適切な動詞に代わる言葉を自分で工夫して使うこともあります。大人が、ご飯を「モグモグしようね」などと言うこともありますが、子ども自身も、「これ、○○ちゃんにどーぞするの」とか「クレヨンでゴシゴシする」などの擬音語、擬態語を工夫して使っています。

　やがて、子どもはものの性質を表す言葉（形容詞）や位置関係を表す言葉なども獲得し、抽象的な概念をも自分のものとしていきます。第1章第1節で学んだように、「知覚対象は、言葉によって世界から切り分けられ、名前をもったときにはじめて存在する」ものです。子どもたちは徐々に語彙を増やしつつ、日々、この世の中の全体像についての認識をより確かなものにしていくのです。

演習課題 ❷

① なぜ話せるようになるのか

■ 「音素」について、具体例をあげて説明しましょう。

② 言葉の仕組みを見つける

■ 「ガヴァガイ問題」とはどのような問題か、ノートにまとめましょう。

アクティビティ ❷

① なぜ話せるようになるのか

　（L）と（R）の違いを意識して、（read ／ lead）など、日本人が苦手とされる単語を発音してみましょう。また、可能であればネイティブの人に発音してもらい、違いを実感してみましょう。

② 言葉の仕組みを見つける

　隣同士でペアになり、大人役と子ども役を決めてください（子どもは２歳になったばかり。言葉に対する興味があり、語彙も増えつつありますが、まだまだ知らないことがたくさんあります）。

　大人は子どもに次の言葉の意味を理解させてください。
〔①ゾウ　②オオカミ　③エビ　④黄色　⑤右　⑥熱い　⑦悲しい　⑧仲良し〕

3 言葉の豊かさ

この章で学ぶこと・・・

● 日本語の特徴を理解しよう。

● 日本語の楽しさ、豊かさ、美しさを実感しよう。

> ### 学びのキーワード
>
> 単純な音節　主語の省略
> 豊富な文字種と語種　文化の違いと言葉

1 日本語の特徴

　日本語の起源や成立過程については不明なことが多く、共通の祖語をもつ仲間の言葉もよくわかっていません。世界の言語の中で「孤立した言語」とも称されている日本語ですが、ここでは３つの特徴について学びましょう。

1. 単純な音節

　日本語には、音節が単純で音節そのものの数が少ないという特徴があります。音節とは、発音したときに１つの音として認識される最小の単位で、たとえば「保育」なら、「ほ」「い」「く」の３音節ということになります。

　わかりやすいようにローマ字表記を併用しますと、「ほいく (hoiku)」のうち、「い (i)」は母音だけですが、「ほ」と「く」は、それぞれ子音の (h) と (k) が組み合わさっています。日本語の音節は、撥音（「ん」）や促音（「っ」）を除くと、「母音だけ」と「子音＋母音」の二種類しかなく、音節そのものの数も多くはありません。これが英語ですと、「子音 (consonant) ＋母音 (vowel)」や「子音＋母音＋子音」というタイプの音節がたくさんあるのです。

〔日本語の音節〕

・母音

・子音＋母音

〔英語の音節〕

・母音

・子音＋母音

・母音＋子音

・子音＋母音＋子音

　子音の多い滑らかな言語を聞きなれた欧米人が日本語を聞くと、やたらと母音が耳につき、「タタタタッ」と機関銃のようにうるさく聞こえるそうです。

　しかし、音節が単純で音節そのものの数が少ないという特徴は、同音語が多くなる要因にもなっており、韻文形式の文学など日本固有の文化の発展に深い影響を与えてきたと考えられます。また、洒落や語呂合わせなどができやすく、言葉遊びに適しているという便利さにもつながっています。

２．主語の省略と自由度の高さ

　日本語には、主語が省略されやすく、語順の自由度が高いという特徴があります。

　英語の場合、通常、主語と動詞が文のはじめのほうにあり、主語が省略されることはまれです。これは、狩猟生活の歴史が長く、「誰が、どうしたいのか」という個人の意思をはっきり伝える必要性があったからで、そこには「個」を尊重する文化的背景があるといわれています。

　一方、日本語の場合、主語が省略されやすく、しかも通常は動詞が後のほうにくるため、その人が何をしたいのか、話を最後まで聞かないとわかりません。これは、長い農耕生活の歴史の中で、和を大切にし、相手の気持ちを思いやりながら意思表示をしてきた結果によるものだ

という説があります。実証を踏まえた研究ではないので真偽のほどは
わかりませんが、受け手のほうもほとんど無意識のうちに主語が誰か
を推し量って聞いているため、主語が省略されていても特に不便さを
感じないのは確かです。以下の例文で確認してみましょう。

〔主語の省略〕

　私が店を出ると外は雨だった。私はあいにく傘を持っていない。
　私はパーカーのフードを被り駅へ急いだ。

　個々の文に主語をつけてみました。主体が私であることはよくわか
りますが、「私」がクローズアップされ、くどくどしていて煩わしい
感じさえします。

　店を出ると雨だった。あいにく傘を持っていない。
　パーカーのフードを被って駅へ急いだ。

　主語がなくても別段困ることはなく、むしろ流れが自然で、リズム
感のよい文章になっています。
　私たちは日常の会話でも、たとえば学食で、「ねえ、何にする」「うー
ん、ラーメンにしておくか」といった主語のない会話を普通にしてい
ます。日本語の場合、文脈から自明である主語は省略することが多い
のです。

〔自由度の高さ〕

　花子はコーヒーを２杯飲んだ。

　これを英訳すると、
　Hanako drank two cups of coffee.
となりますが、語順を入れ替えて、たとえば、
　Two cups of coffee drank Hanako.
にすると、大変なことになってしまいます。

日本語の場合はどうでしょうか。

①「花子は2杯飲んだ。コーヒーを。」

②「花子は飲んだ。コーヒーを2杯。」

③「コーヒーを2杯飲んだ。花子は。」

④「飲んだ。コーヒーを。花子は。2杯。」

　さすがに④は話し言葉でもあまり使わないパターンでしょうが、このように語順をどのように入れ替えても間違いとはいえませんし、もとの意味も一応は通じてしまいます。

3. 豊富な文字種と語種

　日本語は、長い歴史の中で諸外国の言語を柔軟に受け入れてきたため、文字種（漢字、片仮名、平仮名、アラビア数字など）や語種（和語、漢語、外来語）が多いという特徴があります。

　現在、日本では人名にアルファベットを使うことは認められていませんが、JAやJRなど、法人名に使うことは認められており、登記することもできます。

　複数の文字種を使う言語は他国にもありますが、日本語は漢字、片仮名、平仮名、アラビア数字、ローマ数字、アルファベットなどを混在させて使っており、その複雑さは別格です。

　また、和語、漢語、外来語といった語種の多さも個性的です。

　和語は「大和言葉」ともいい、もとから日本にあった言葉です。平仮名で書き表されるか、漢字では訓読みで書き表されます。

　漢語は、中国語から伝わり日本語として定着した言葉で、漢字の音読みで書き表されます[1]。

　外来語は、外国語から日本語に入ってきた言葉で、主に片仮名で書き表されます（漢語も広義の外来語です）。

　ここではまず、文字種の多さについて確かめてみましょう。たとえ

★1　ただし、日本でつくられた音読みの言葉も漢語と呼ばれることが多い。

ば、次の文を読んでみてください。

　　1000cc のバイクをレンタルした。

　特に違和感のない普通の文ですが、よく見ると、この文にはアラビア数字、アルファベット、平仮名、片仮名の 4 種類の文字種が使われています。外国由来のアラビア数字もアルファベットも、すっかり日本語に溶け込んでいるのです。

　この文を漢字と平仮名だけで表現してみましょう。

　　千立方糎（センチメートル）の自動二輪車を賃借した。

　堅苦しくて、非常に理解しにくい文になってしまいました。これでは、書き言葉としても話し言葉としても使えそうにありませんね。

　次に、語種の多さ（和語と漢語）についても確かめてみましょう。

　　諸般の事情を勘案して中止した。

　これは、漢語を多用した文です。「諸般」「勘案」など、お役所からの通知にありそうな、何とも格調高い文になりますが、よそよそしくて堅苦しさが感じられます。

　　さまざまな事情を考えて取りやめた。

　和語を多用して書き替えると、やわらかくて親しみやすい文になります。

　このように、文字種や語種の多さは、一見煩雑に思えますが、場面の状況に応じて最適な言葉を選んで使い分けることを可能にするなど、日本語の表現力をより豊かなものにしているのです。

② 言葉を感じる

　保育者は日本語の特徴を知るとともに、その豊かさについて、実感をともなって理解しておくことが大切です。

1．言葉の楽しさを実感しよう

①外来語

　日本語として定着している外来語を探し、どこの国の言葉が由来となっているのか辞書を使って調べてみましょう。もしかすると漢字表記があるかもしれません。もちろん当て字ですが、意外な傑作に出合うことがあり楽しめます。

　例として、「カルタ」「ビール」「パン」など、おなじみの外来語を調べてみましょう。「カルタ」はポルトガル語が由来です。漢字で書くと「歌留多」や「骨牌」が出てきます。「歌留多」はわかりますが、「骨牌」とは!?　遊びの道具に、なぜこんなすさまじい漢字が当てられているのか、中国語由来のようですが、興味深いですね。

　「ビール」は英語のようですが、実はオランダ語が由来です。漢字で書くと「麦酒」です。「パン」はポルトガル語が由来です。漢字表記がまた難しくて「麺麭」と書きます。パンに漢字があったとは驚きですが、それにしても、パンなのになぜ「麺」が出てくるのでしょう……。これも不思議です。

　その他、すっかり日本語化していますが、「瓦」「サボる」「イクラ」「天ぷら」なども外来語です。

②動物の「ことわざ」「慣用句」

　「犬も歩けば棒に当たる」「豚に真珠」など、日本語には動物が登場することわざや慣用句がたくさんあります。人間と動物との関係性や動物たちに対する意識が見えてきて、なかなか面白いものです。

　たとえば、「犬も歩けば棒に当たる」を、皆さんはどのような意味

で使っているでしょうか。

「『犬も歩けば棒に当たる』というじゃないか。懸賞にはなるべくたくさん応募しておいたほうがいいよ」というように、滅多にない幸運のたとえとして使う人が多いのではないでしょうか。

しかし、本来の「棒に当たる」とは、「棒で叩かれることがある」という意味で、「『犬も歩けば棒に当たる』というじゃないか。やたらに飲み歩くのはやめたほうがいいよ」などと、分をこえた勝手なことをしていると災難が降りかかるかもしれない、という意味で使われてきました。

「豚に真珠」はどうでしょうか。実はこの言葉、発祥は西洋で、『新約聖書』のマタイ福音書にある言葉です。よく「猫に小判、豚に真珠だ」などとセットで使われますが、そもそもの含意（内包された意味）は微妙に異なります。ここでいう「真珠」とは神聖な教えのこと。「豚」とは「神聖なものの価値がわからない穢れた心の持ち主」を意味します。心の穢れた人たちにキリストの神聖な教えを説いても、かえって反発され踏みにじられてしまうので気をつけなさい、という文脈で使われたものです。

「猫に小判」のほうは、猫に小判を与えても何も反応がないことから、価値を理解できない人に価値あるものを与えても意味がないことのたとえとして使われます。両者の対比が興味深いですね。

③体を使った表現

日本語には、体の各部の名称を使うことによって独特の意味をもたせた言い回しがあります。

たとえば、「頭打ち」という何とも痛そうな表現があります。もちろん、本当に頭を打つわけではなく、物事が限界に達してそれ以上にならない状態を意味する言葉です。「株式相場はそろそろ頭打ちだろう」などと使います。ほかにも、「頭割り」「頭を絞る」「頭が切れる」など「頭」を使ったさまざまな表現があります。

　頭のほかにも、目、耳、鼻、口、首、手、足など、体の名称を使ったさまざまな言い回しがあります。そのような表現を集め、意味や使い方を調べてみましょう。

④なぞかけ

　語呂合わせができやすいという日本語の特徴を最大限に生かした知的遊びの一つに、「なぞかけ」があります。

　「なぞかけ」とは、「A」というお題に対して、「Aと掛けてBと解く。その心はCです」と応じる言葉遊びです。AとBには、一見、何の関係もありませんが、実はCという共通点で結ばれています。このCがとても大切で、多くの場合、AとBの共通の性質であるか、同音異義語です。Cは意外性が必要で、当たり前の性質を当てはめたのでは面白味が出てきません。

　ここでは例として「パソコン」というお題で考えてみましょう。一般的なつくり方の手順は次のとおりです。

①お題の「パソコン」から、「キーボード」「マウス」「OS」など、なるべくたくさんの言葉を連想します。

②連想した単語の同音異義語を探します。「マウス（mouse）」→「口（mouth）」「申す」など。

③同音異義語をもとに、さらに連想します。「口（mouth）」→「口演」「演説」「歌手」「アナウンサー」など。

④お題の「パソコン」と結びつけてみます。「パソコンと掛けてアナウンサーと解く。その心は、マウスが活躍します」

　では、実際に筆者がつくったものを検討してみましょう。

「パソコン」と掛けて「吹奏楽」と解く。
**　その心は、「マウスが働きます」**

　パソコンのマウス（mouse）と、吹奏楽はマウスピースを使って口で吹くので口（mouth）を掛けてみましたが、こじつけ的で無理があり、

しっくりきません。

「パソコン」と掛けて「綱引き」と解く。
その心は、「オー・エス、オー・エス」

パソコンの OS と綱引きの掛け声「オー・エス！」、同音異義語では
ありますが、認知度が低いですし、これも「面白い！」というほどの
出来ではありません。

「パソコン」と掛けて「気ままな野鳥」と解く。
その心は、「勝手に止まります」

しばしばフリーズするこのパソコンと、庭先の木に止まる野鳥を掛
けてみました。意外性もあり、これでどうにか「なぞかけ」らしくな
りました。

2．言葉の豊かさ、美しさを実感しよう

①自然現象

　時々刻々と形を変え、二度と同じ姿を見せない雲にはさまざまな名
称があります。たとえば、気象用語としての雲は、「巻雲_{けんうん}」「巻積雲_{けんせきうん}」
「巻層雲_{けんそううん}」「高積雲」「高層雲」「積乱雲」「乱層雲」「積雲」「層積雲」「層雲」
の 10 種類ですが、日本語にはもっとたくさんの雲の名称があります。
　ちなみに、辞書で「雲」を引くと、茜雲_{あかねぐも}、鰯雲_{いわしぐも}、鱗雲_{うろこぐも}等の後方一致
が 195 件出てきます。(広辞苑第七版)
　その他、「光」「雨」「風」「火」「波」「音」「地」などにも多様な名称
があります。

②感情

　日本語は感情を表す言葉も豊富だと言われています。ここでは、「愛」
に関係する言葉を集め、意味を確かめてみましょう。
　筆者の類語辞典に出てきた言葉の一部を列挙してみます。

ラブ、愛情、いとおしむ、かわいがる、ほれる、ほれ込む、めでる、愛す、気に入る、見初める、好く、慈しむ、焦がれる、心を寄せる、慕う、アムール、リーベ、情愛、恋、溺愛、アガペー、愛好、愛慕、恩愛、慈愛、首っ丈、仁愛、相愛、寵愛、博愛、偏愛、熱愛、恋愛、盲愛、貪愛、愛着、愛欲、純愛、略奪愛……。

　一つひとつ意味を確かめていくと情景が浮かんでくるようで、とても味わい深いですね。「ほれる」「心を寄せる」「恋」などは青春の爽やかさがあって素敵ですし、「焦がれる」「情愛」「熱愛」には激しい情熱のほとばしりが感じられます。一方、「溺愛」や「盲愛」など、ちょっと心配な「愛」もあります。「略奪愛」に至ってはテレビドラマさながらの情景が見えてきそうです。やはり、「慈愛」「仁愛」「博愛」など、広い心に根差した「愛」には安心感があります。

③色

　虹はいくつの色でできているかご存知でしょうか。大抵の人は7色と答えることでしょう。虹が出たとき、「赤、橙、黄、緑、青、藍、紫」と実際に確かめたことのある人もいるかもしれません。

　しかし、虹は大気中の微小な水滴が太陽光を分光したものですから、実際には連続体です。つまり、赤から青への変化は無段階であり、色の数は無限にあるはずなのです。

　虹が何色かは、国や人によって異なります。たとえば、アメリカやイギリスでは一般的に「赤、橙、黄、緑、青、紫」の6色だといわれていますし、世界には2色あるいは3色と認識している民族もいます。この認識の違いは、主として、その色を表現する言葉のあるなしで変わってくると考えられています。

　日本人は古くから藍染めなどで藍色に親しんできたためか、青と藍は別の色、という意識が強くあるようです。アメリカのジーンズももともとは藍染めで、藍色（Indigo blue）という複合語もあるのですが、

それは藍（indigo）の青（blue）であり、あくまでも青という認識です。

　では、日本語には一体どれくらいの色数があるのでしょうか。一人では大変ですので仲間と協力して調べ、豊かさを実感してみましょう。和名に限定しても、大変な色数があることがわかります。

④俳句

　言葉の豊かさとは、必ずしも語彙の多さを意味するものではありません。何かを伝えようとして、言葉を尽くして説明すればするほど、かえって受け手の想像範囲を限定してしまい、言葉の世界が狭まってしまうこともあります。無駄をそぎ落とし、最小限の言葉に絞ったほうがかえって豊かに伝わることもあるのです。その典型的な例が俳句です。

> **遠雷や夢の中まで恋をして**[★2]

　わずか17音のこの俳句から、皆さんはどのような光景を思い浮かべるでしょうか。「遠雷」とは、遠くで鳴る雷のことで、夏の季語となっています。「や」は間投助詞で、言葉の調子を整えたり、余情を加えたりする働きをします。

　「遠雷や」のたった5音で、夏の夕方から夜にかけて、空に灰色の積乱雲が盛り上がり、ゴロゴロと雷鳴が轟く情景が見えてきませんか。

　「夢の中まで恋をして」というのですから、語り手は雷鳴に驚いて夢から醒めたところなのか、寝苦しくて夢うつつの状態だったのでしょう。遠雷でふと目を醒ますと、起きているときばかりか、夢の中でもその人のことが忘れられずに思い焦がれている自分を発見します。その恋心は、あたかも積乱雲のように止めどなく盛り上がり、雷鳴にも似て狂おしいまでの激しさだったのです。

　もちろん、これは筆者なりの解釈と鑑賞であり、皆さんならまた違った情景を思い浮かべることでしょう。大切なのは、作者は何を伝えようとしたのか、ではなく、読者として作品をどのように受け止めるの

[★2]　黛まどか『B面の夏』角川書店、1994年

か、ということです。言葉の意味や言葉と言葉の関係をていねいに読み取っていくことで、皆さん独自の作品世界が豊かに広がります。

　作品集などから気になる俳句を見つけ、解釈と鑑賞をしてみましょう。

⑤名文

　国境の長いトンネルを抜けると雪国であった。夜の底が白くなった。信号所に汽車が止まった。

　向側の座席から娘が立って来て、島村の前のガラス窓を落とした。雪の冷気が流れこんだ。娘は窓いっぱいに乗り出して、遠くへ叫ぶように、

「駅長さあん、駅長さあん。」

　明りをさげてゆっくり雪を踏んで来た男は、襟巻で鼻の上まで包み、耳に帽子の毛皮を垂れていた。

　もうそんな寒さかと島村は外を眺めると、鉄道の官舎らしいバラックが山裾に寒々と散らばっているだけで、雪の色はそこまで行かぬうちに闇に呑まれていた。

『雪国』現代日本文學大系 52 川端康成集、筑摩書房、
1968 年（引用者注：旧仮名遣いを現代仮名遣いに改めました）

　日本文学の頂点ともいわれる川端康成の小説『雪国』の冒頭部分です。無駄を徹底的にそぎ落とし、映画のように生き生きと情景を切り取った描写力は見事というほかありません。ここでは、名文が醸し出す豊かさ、美しさを味わってみましょう。

　「国境」は、もちろん主権国家の境界ではなく、行政区画の境目のことでしょう。この言葉だけでは作中の時代も場所も不明ですが、「県境」と言わずに「国境」と呼ぶことで、現実世界の物語ではなく、われわれの日常世界とはかけ離れた遠い世界へいざなってくれます。

　ところで、この「雪国」とは、どこのことでしょう。日本語で「雪国」といった場合、一般的には日本海側の豪雪地帯が想起されるのではな

いでしょうか。冬の間、ずっと雪に閉ざされる静謐で白く美しい世界が強くイメージされます。トンネルを抜ける主体は誰なのか、主語が省略されていることも相まって、読者は語り手と一緒に長いトンネルを抜け、一気に非現実の「雪国」へ入り込める仕掛けになっているのです。

　次の「夜の底が白くなった」も名文です。普通なら、「大地が一面雪に覆われていた」というような文にしてしまうのでしょうが、「夜の底」という言葉を使ったことによって、もはや物理的な雪原ではなくなってしまいます。筆者には、茫漠たる地平に広がる深い闇が想起されるとともに、果てしない意識の深淵をも垣間見ているような思いがしてきます。

　この点、川端の業績を世界に知らしめた日本文学者、エドワード・G・サイデンステッカーの英訳も含蓄に富んでいます。

The train came out of the long tunnel into the snow country.
The earth lay white under the night sky.

"Snow Country" by Yasunari Kawabata　Edward
G.Seidensticker/Translated 東京 C.E.Tuttle,1957

　直訳すると、「汽車は長いトンネルを抜けて雪国に入った。大地は夜空の下に白く横たわっていた」となります。日本では、大地が白く横たわる、という表現はあまり聞きませんが、恐らく、英語圏の人々にはこれで十分、雪原の情景と主人公の思いが伝わるのでしょう。

　このほかにも、名作文学はたくさんあります。お気に入りの一節を探して、言葉の豊かさ、美しさを味わってみましょう。

3. 文化の違いと言葉

　さて、ここまで学習してきた皆さんは、日本語の楽しさ、美しさ、豊かさを存分に実感してくださったことでしょう。最後に一つ、非常

に大切なことをお伝えしたいと思います。

　それは、言語に優劣をつけることはできない、ということです。ときどき、「日本語は外国語と比べて語彙の数が多くて表現力豊かな優れた言語である。したがって、日本語も、その日本語を発明した日本人も素晴らしい」といった意見に出くわすことがあります。しかし、それはとんでもない誤解です。国民としての誇りをもち、自国語を大切にすべきであるのは当然のことですが、言語に優劣をつけようとすること自体、まったくナンセンスですし、日本語がほかの言語より優れているという証拠は、どこにもありません。

　たとえば、日本では子どもの玩具である人形も人形劇で使う人形もみな「人形」です。しかし英語ではそれぞれ「doll」と「puppet」であり、まったく別のものとして認識されています。欧米では人形劇の文化が盛んなため、玩具の人形と演劇の人形には厳然とした区別があるのです。

　また、日本語には「雪」を表す言葉は「雪」しかありません。「粉雪」「牡丹雪」などの複合語はありますが、空から降ってくる冷たい雪に「雪」以外の呼称はありません。ところが、カナディアンイヌイットの言葉には、「雪」を表す言葉が20種類強存在するという研究があります[★3]。一年中雪に囲まれて生活しているイヌイットの人々は、雪質の微妙な違いを見分けており、それぞれ別の物として認識しているのです。

　言葉は文化とともに生成発展するものなので、結果的にその文化に対応した語彙が充実発展し、異なる文化についての語彙が乏しいのは当然のことなのです。どの国の言語にも、文化に根差した個性があり、それぞれに楽しく、美しく、豊かな表現力があるということを忘れないようにしましょう。

★3　宮岡伯人『エスキモー──極北の文化誌』岩波書店、1987年

演習課題 ❸

① 日本語の特徴

■これまでの人生で、日本語の楽しさや美しさ、豊かさや便利さを感じたことはありますか。あるとしたら、どのようなときですか。思い出してノートに書きましょう。

＊何もない場合には、日本語の特徴をノートにまとめましょう。

② 言葉を感じる

■あなたは保育者として、自分の言葉に対する感性（感じる力）をどのように磨いていきますか。考えをノートにまとめましょう。

アクティビティ ❸

① 日本語の特徴

　日本語には、「私」を表す言葉がいくつあるでしょうか。隣同士で協力して、ノートに書き出しましょう。

② 言葉を感じる

　「雲」「雨」「風」に関する言葉の中から最も気に入ったものを一つ選び、意味を発表し合いましょう。

4 言葉遊び

この章で学ぶこと。。。

● 言葉遊びの歴史や保育における位置づけ、発達段階に応じた遊び方を知ろう。
● 言葉遊びを体験し、楽しさを実感するとともに、活用方法について考えよう。

学びのキーワード

言葉遊びの位置づけ　音韻意識　言葉を集める遊び

言葉を感じる遊び　言葉を発信する遊び

1 子どもと言葉遊び

1. 言葉遊びの歴史

　言葉遊びとは、言葉の響きやリズム感、意味などを利用して楽しむ遊びです。言葉さえ通じればいつでもどこでも楽しめますから、言葉遊びは、ヒトが言葉を獲得した頃からずっとあったと考えられます。

　6世紀から7世紀頃になると、それまで文字をもたなかった日本語に、音の似た漢字を当てて書き表すことが盛んに行われるようになりました。8世紀中頃に成立した『万葉集』には、「恋」を「孤悲」、「望月（十五夜）」を「三五月」（3×5＝15だから）と表記するなど、戯書と呼ばれる独特の言葉遊びが散りばめられており、当時の人々が鋭敏で豊かな言語感覚をもっていたことが垣間見えてきます。

　日本最古の物語である『竹取物語』にも、かぐや姫が残していった不死の薬を、天に最も近い山の頂上で焼却するよう帝が命じたため、たくさん（富）の兵士（士）が登ったことと、不死の薬（不死）とに因んで、その山は「ふしの山」（富士山）と命名されたという、語呂合わせのような記述があります。

　47文字の仮名を重複させることなく、1回ずつ使って歌にするとい

う「いろは歌」も、古くからある高度な言葉遊びです。お馴染みの「色は匂へど　散りぬるを……」以外にもさまざまなものが残されています。

　室町時代には、ある人が和歌の上の句（五七五）をつくり、別の人が下の句（七七）をつなげ、これを延々と繰り返していく、連歌と呼ばれる歌遊びが盛んになりました。

　時代が進むにつれ、単なる言葉遊びの枠を超え、芸能の域にまで発展したものもあります。歌舞伎の演目『外郎売』や落語の『寿限無』がその典型です。

　『外郎売』は、持病に悩んでいた二代目市川團十郎が薬の「ういろう」を服用したところ完治したことから、感激して創作したと伝えられています。外郎の行商人が客の前でういろうを飲んで見せたところ突然滑舌が良くなってしまうという内容で、お馴染みの早口言葉が次々と飛び出してきます。★1

２．言葉遊びの位置づけ

　言葉遊びは、保育の中でどのように位置づけられているのでしょうか。

　「保育所保育指針」では、「１歳以上３歳未満児の保育に関わるねらい及び内容」の領域「言葉」の「ねらい」に次のように示されています。

> ① 言葉遊びや言葉で表現する楽しさを感じる。

　「幼稚園教育要領」の「ねらい」「内容」には、このような言及はありませんが、「内容の取扱い」で「その際、絵本や物語に親しんだり、

★1　「ういろう」には、「薬のういろう」と「お菓子のういろう」がある。「薬のういろう」は、室町時代に中国から帰化した陳外郎延祐を初祖とする外郎家が伝えた霊宝丹（透頂香）のことで、幅広い薬効から多くの逸話を残している。また、外郎家では国賓をもてなすため、独自に考案した米粉の蒸し菓子を出していた。それが「お菓子のういろう」である。各地にういろうのお菓子があるが、後年、京都在住時代に仕えていた菓子職人たちが日本各地にその製法を広めたといわれている。

言葉遊びなどをしたりすることを通して、言葉が豊かになるようにすること」と示されています。

　これは、「保育所保育指針」の「3歳以上児の保育に関するねらい及び内容」でも同様です。この「内容の取扱い」については、いずれの解説書（「幼稚園教育要領解説」「保育所保育指針解説」）にも、次のように詳しく説明されています。

> また、幼児期の発達を踏まえて、言葉遊びを楽しむことも、いろいろな言葉に親しむ機会となる。例えば、リズミカルな節回しの手遊びや童謡を歌うことは、体でリズムを感じながらいろいろな言葉を使って表現する楽しさにつながる。しりとりや、同じ音から始まる言葉を集める遊びをする中では、自分の知っている言葉を使うことや、友達の発言から新しい言葉に出会う楽しみが経験できる。短い話をつなげて皆で一つの物語をつくるお話づくりのような遊びでは、イメージを広げ、それを表現することを経験できる。幼児の言葉を豊かにしていくためには、このような言葉を使った遊びを楽しむ経験を積み重ねていくことも必要である。

　つまり、言葉遊びによって、言葉との出会いや言葉を使う楽しさ、イメージを広げ、それを表現する楽しさなどを経験しながら、言葉を豊かにしていくことを目指しているのです。

　ただし、言葉遊びは、言葉の力をつけるために取り入れるものではありません。「幼稚園教育要領」の「幼稚園教育の基本」には、「幼児期の教育は、生涯にわたる人格形成の基礎を培う重要なものであり、〈中略〉環境を通して行うものであることを基本とする」と記されていますし、「保育所保育指針」の「保育所保育に関する基本原則」にも、「健全な心身の発達を図ることを目的とする」とあります。これらの文言は、言葉遊びも含めたすべての活動の大前提となるものです。

★2　「保育所保育指針解説」では、「幼児の」が「子どもの」になっている。

どこまでも豊かな人間性を育成することを本旨とすべきで、言葉の力をつけるために言葉遊びを取り入れたのでは本末転倒と言わざるを得ません。主体的な言葉遊びの結果として言葉の力も向上していた、というのが望ましい形です。

3．子どもの発達と言葉遊び

言葉遊びに難しい理屈は必要ありません。子ども同士、あるいは子どもと大人との関わりを意識しながら、とにかく楽しく遊ぶことが大切です。

ただし、一つだけ、忘れてはならない注意事項があります。遊びではあっても闇雲に実施すればよいというものではなく、発達段階に適していなければなりません。

たとえば、しりとりは小学生にとっては簡単な遊びですが、音韻意識の育っていない2歳の子どもには難しすぎます。「音韻意識」とは、言葉が音節（→38頁を参照）の集まりであることを理解する能力のことで、たとえば「さくら」という言葉が、「さ」と「く」と「ら」の三音節で成り立っていることに気づくことです。この意識が育つのは、一般的には4歳頃です。

言葉遊びは、保育者のちょっとしたアレンジによって難易度が大きく変わってきますので、「この遊びは何歳向け」と固定観念に縛られるのも好ましくありません。実施するときには、「簡単すぎるかな」と思うくらいの内容から始めて、様子を見ながらレベルアップしていくとよいでしょう。

発達の詳しい内容については「言葉指導法」の授業で学びますので、ここでは、旧「保育所保育指針」（平成20年3月28日告示、平成21年4月1日施行）の記述を主な手掛かりとして、主として言葉遊びに関わる様子に絞って確認しておきましょう。

①おおむね6か月から1歳3か月未満

　座る、立つ、歩くなどの運動機能が発達し、身近なものへの興味や関心が深まります。また、自分の意思や欲求を喃語や身振りなどで伝えようとします。大人たちがその気持ちを受け止め、言葉で返すなど応答的に関わることにより、情緒的な絆が深まり豊かな言葉の育ちが促されます。

　あやしてもらうと喜ぶなどやり取りが盛んになる一方で、人見知りをするようになるのもこの時期です。

②おおむね1歳3か月から2歳未満

　二足歩行が始まり、二語文を話すようになります。手の機能が発達するとともに、周囲の人や物への関心が高まり、絵本を手にしてページをめくることもできるようになります。また、象徴機能が発達し、玩具などを実物に見立て、イメージを膨らませて遊べるようになります。大人の言うことも分かるようになり、自分の意思を親しい大人に伝えたいという欲求が高まり、指差し、身振りなども盛んに使います。

　視力が発達し、知っている物が出てくる生活絵本や繰り返しのあるお話に興味を示すようになりますが、聴覚の鋭敏な時期でもあり、言葉遊びも聞いていて心地よいものやリズム感のあるものを好む傾向があります。

③おおむね2歳

　語彙が著しく増加し、自分のしたいこと、してほしいことを言葉で表現できるようになってきます。[★3]　自我が育ち、「自分で」とか「いや」など、強く自己主張することも多くなりますが、その一方で、自分の行動のすべてが受け入れられるわけではないことにも気づいてきます。

　言葉遊びは、やはりリズム感のよい繰り返しのあるものや、動物など馴染みのある存在をテーマとしたものが喜ばれます。

★3　「語彙爆発」といわれ、1歳後半から始まることもある。

④おおむね３歳

基本的生活習慣が形成され、「自分でできる」という意識が育ってきます。日常生活で言葉のやり取りが不自由なくできるようになるとともに知的興味や関心が高まり、「なぜ」「どうして」といった質問を盛んにするようになります。

動物や乗り物が活躍する絵本やお話に強い興味を示すこともあります。自分を登場人物に同化させたり、想像を膨らませたりすることができますので、物語性のある言葉遊びも楽しめるようになります。

⑤おおむね４歳

身体能力が発達し、片足跳びやスキップ、ひも結びやハサミの扱いが可能になります。想像力が発達し、お話の登場人物に思いを馳せたり、無生物にも心があると信じたりします。

この頃、「音韻意識」が芽生え、一つひとつの音節を聞き分けることができるようになります。これは、言葉遊びの範囲を大きく広げる飛躍的な発達です。

⑥おおむね５歳

集団の中の一人であることの自覚が生まれ、自分への自信と友だちへの親しみや信頼感が高まってくる時期です。たくさんの友だちと、言葉によってイメージを共有しつつ遊ぶことができるようになります。

② 言葉遊びの実際

この節では、代表的な言葉遊びのいくつかをご紹介します。ただし、掲載したのは遊び方のヒントのようなものですから、このままでは使えません。

実際には、興味を引くような説明の仕方を考えたり、理解を助けるための小道具を作成したり、ルールやグループの分け方を変えたりするなど、保育者独自の工夫によって、遊びを生き生きと盛り上げるこ

とが必要となります。皆さんも、本節の内容を適宜アレンジしてさまざまな言葉遊びのバリエーションを作り出し、子どもたちと大いに楽しんでください。

1．言葉を集める遊び

①「あ」で始まる言葉あつめ

「あかり」「あくしゅ」「あめ」等々、「あ」で始まる言葉を皆で集める遊びです。出てきた言葉を保育者が黒板やホワイトボードに書きながら励ましていくことで、皆で集めたという充実感や連帯感が得られ、文字を知る手掛かりにもなります。

「あ」を何日か繰り返したあとは「い」、その次には「う」というように、少しずつ変えていくとよいでしょう。

②名前あつめ

特定の分野の名前を集める遊びです。動物園にいる生き物、水の中に住んでいる生き物など、範囲を限定していくことで難易度の調整ができます。

もちろん、テーマは生き物ばかりではありません。「食べ物の名前」、「花の名前」「国の名前」等々、子どもたちの発達状況や興味・関心に応じたテーマを工夫して楽しみましょう。

③2音節の言葉あつめ

「なつ」「うみ」「すな」等々、2音節の言葉を集める遊びです。これも、黒板やホワイトボードに書きながら励ましていくと効果的です。

2音の言葉が全員分見つかったら、今度はリズム遊びにつなげましょう。先頭の子から順番に一つずつ、2拍子のリズムに合わせて言葉を声に出していきます。言葉と言葉の合間には、全員で手拍子を叩いてリズムを取ります。

例　「なつ」👏👏「うみ」👏👏「すな」👏👏…

同様に、3音（3拍子）、4音（4拍子）でも可能です。慣れてきたら、

リズムを適宜アレンジして楽しみましょう。

例　　♩　　♫（スーイカ）👏—👏👏　♩　♫　（メーロン）👏—👏👏

　　　♩　♫（トーマト）👏—👏👏

④反対言葉あつめ

　「おおきい」と「ちいさい」、「みぎ」と「ひだり」など、反対言葉を探す遊びです。これも発達状況に応じて、片方を保育者が提示する、両方とも子どもたちが探すなど、複数の楽しみ方が考えられます。

　中には、「おおきい」という言葉に対して、「おおきくない」と答える子がいるかもしれません。子どもたちの状況によっては、「反対」とはどういうことかあらかじめ説明しておく必要があるでしょう。

　なお、反対言葉カードがあると、いろいろな遊び方を工夫しながら楽しむことができて大変便利です。

⑤ 「い」で終わる言葉あつめ

　「あおい」「あたらしい」のように、「○○い」となる言葉を皆で集める遊びです。要するに形容詞を集めるわけで、子どもたちにとっては、皆と楽しく交流しながら、知らず知らずのうちに物事の性質や状態を表す言葉についての理解を深めることになります。

2．言葉を感じる遊び

①同音・同訓異義語

　「め」という言葉に「目」や「芽」があるように、日本語には 1 つの発音で複数の意味をもつ言葉、つまり同音・同訓異義語がたくさんあります。これを皆で探し、声に出して楽しむ遊びです。

　はじめのうちは保育者が黒板やホワイトボードに簡単なイラストとともに「くも」と書き、「空に浮かんでいる雲のほかに、何か知っているものはあるかな」などと聞いてあげましょう。

　たくさん出てきたら、「目と芽、歯と葉、雲と蜘蛛、橋と箸、……」と皆で声に出していきましょう。そのうち、アクセントの違いに気づ

く子が出てくるかもしれません。

②伸びる言葉

「びる」に長音符号をつけると「びーる」になります。このような組み合わせを皆で探し、声に出して楽しむ遊びです。

「言葉を感じる遊び」のいずれにも共通することですが、遊びの前に十分な説明（長音、促音、濁音などについて）が必要です。説明する際には、平仮名カードなどを作っておき、「び」と「る」の間に「ー」を入れると「び」「ー」「る」になるということを視覚的にも理解させるとよいでしょう（本来、平仮名に長音符号はありませんが、この場合は特別です）。

一通り声に出して、伸びる言葉がどのようなものか理解できたら、今度は「みかん」を「みーかん」にするなど、何にでも長音符号をつけて遊んでみましょう。

③跳ねる言葉

「〜だった」のように、小さな「つ」で表記する、つまる音（促音）を含む言葉を皆で探し、声に出して楽しむ遊びです。

これも、平仮名カードなどを使って「あ」「さ」「り」、「あ」「っ」「さ」「り」などと、視覚的に説明しましょう。「あさり、あっさり、ねこ、ねっこ、みつ、みっつ、まくら、まっくら、さか、さっか」などと声に出すことで、「跳ねる」という感覚が楽しく実感できます。

④濁る言葉

濁音を含む言葉を皆で探し、声に出して楽しむ遊びです。

「からす」の「か」に「゛」をつけると「がらす」になりますが、子どもたちには、この変化がとても不思議なようです。まずは、保育者が用意した変化を皆で声に出して楽しみましょう。

　　例　「かき　かぎ」「かむ　がむ」「すき　すぎ」「むき　むぎ」
　　　　「きん　ぎん」「ふく　ふぐ」「あし　あじ」「まと　まど」

また、これも長音、促音同様に、「濁る言葉あそび」として、「つく

え」を「づぐえ」と呼ぶなど、何にでも濁点をつけて声に出すことで、楽しく遊びながら理解を深めることができます。

⑤逆立ち言葉

「いか」を反対から読むと「かい」になるように、上から読んでも下から読んでも意味が通じる言葉を探し、声に出して楽しむ遊びです。ただし難易度が高いので、保育者が黒板やホワイトボードにもとの文字を書き、それを皆で逆さまにして読むことから始めるのが適切です。

慣れてきたら、意味が通じるという条件を抜きにして、何でも言葉を逆さまにして読んでみましょう。それだけでもなかなか面白いものですが、期せずして意味の通じる言葉が出てくることがあり、大いに楽しめます。

また、「とまと」「やおや」「こねこ」「きつつき」など、簡単な回文（鏡言葉）を紹介するのもいいでしょう。子どもたちは楽しみながら言葉の不思議さを実感することができます。

⑥早口言葉

発音しにくい言葉や文を早口で言って、皆で間違いを楽しむ遊びです。活舌の練習が目的ではありませんから、間違えたらダメという雰囲気は好ましくありません。もちろん、上手に言えたら大いに褒めることも大切ですが、まずは保育者が大きな声で間違え、皆で言い間違いを楽しむ雰囲気を作りましょう。

例　・なまむぎなまごめなまたまご（生麦生米生卵）

　　・にわにはにわにわとりがいる（庭には二羽にわとりがいる）

　　・たけがきにたけたてかけた（竹垣に竹立てかけた）

　　・あかぱじゃま
　　　あおぱじゃま
　　　きぱじゃま

　　・かえるぴょこぴょこ
　　　みぴょこぴょこ

　　あわせてぴょこぴょこ

　　むぴょこぴょこ

3．言葉を発信する遊び

①しりとり

　お馴染みのしりとりも、テーマを決めたりグループ対抗にしたりすることで難易度を調整できます。また、普通のしりとりに飽きてしまったら、「あたまとり」に挑戦してみましょう。通常は「ねこ⇒こぶた⇒たぬき⇒きつね……」となりますが、「あたまとり」では「ねこ⇒きつね⇒たぬき⇒ぶた……」と続きます。

②いろはに金平糖(こんぺいとう)

　これは童謡にもなっている非常に知的な伝承遊びですが、最近、この遊びを知らないという若者が増えてきました。「いろはに金平糖⇒金平糖は甘い⇒甘いは砂糖⇒砂糖は白い」というように、皆で協力して「名前⇒性質⇒名前⇒性質」とつないでいく遊びです。

　子どもたちと遊ぶ際には、保育者が最初の言葉（例「パンダ」）を提示し、「パンダといったら竹⇒竹といったらかぐや姫⇒かぐや姫といったら月……」などと、「名前⇒性質」にこだわらず、連想されるものを自由につないでいくようにするとよいでしょう。

③伝言ゲーム

　聞き取った言葉や文を次の人に正しく伝えていく遊びです。言葉の数や文の長短、あるいは伝える人数の増減などによって、難易度はいくらでも調整することができます。

　慣れてきたら、簡単なイラストの内容を伝える、あるいは、声を出さずに相手の手のひらや背中に書くなどのバリエーションも楽しめます。

④ひらがなカード

　ひらがなカードがあると、いろいろな言葉遊びに使えます。次に代表的な遊び方をご紹介しましょう。

ア　ひらがなさがし　〈初級〉

①3、4人組の班をつくる。

②カードを全部、表にして広げる。

③保育者が読み上げたカードを取り合う。

イ　言葉づくり　〈初級〉

①班員で協力し、保育者が読み上げた言葉を探して並べていく。

②完成したら、皆で声に出して読む。

ウ　言葉さがし　〈初級〉

①班を作って、カードをよく切り、場に置く。

②順番に1枚ずつ引き、出てきた文字で始まる言葉を言う（皆で10秒数える）。

エ　クロスワード　〈中級〉

①班を作って順番を決め、カードを切って7枚ずつ配る。

②最初の人が机の真ん中に1枚出す。

③以降、上下左右に言葉をつなげていく。どこからでもどちら向きでも可。

④作れないときには、場から引く。誰かが手持ちのカードを使い切ったら終了。

オ　神経衰弱　〈中級〉

①すべてのカードを裏返して並べる。

②順番を決め、カードを2枚以上めくる。言葉を作れたらそのカードをもらう。

③カード札が全部なくなるか、言葉が作れなくなったら終了。手持ち

のカードの多い人が勝ち。

カ　言葉づくり　〈上級〉

①班をつくる。カードをよく切り、5枚ずつ配る。残りは場に置く。

②各自5文字以内の言葉を作り順々に披露。一番面白かった人が勝ち！

　＊判定は審判に委ねるか、班の皆で。

　＊カードは、1回だけセットで交換可能とする。

　＊長音や濁点などの扱いは班員で適宜決める。

　その他にもさまざまな遊び方が考えられます。ぜひご自分で工夫して、クラス独自の遊び文化として発展させましょう。

演習課題 ❹

① 子どもと言葉遊び

■ 「幼稚園教育要領」「保育所保育指針」の中から、言葉遊びに関する記述を探し、
要点をノートにまとめましょう。

② 言葉遊びの実際

■ある保育者が園児たちと言葉遊びを始めたところ、一部の子がつまらなそうに
していました。どのような対応が必要か考え、ノートにまとめましょう。

アクティビティ❹

① 子どもと言葉遊び

　次は、歌舞伎「外郎売」の台詞の一部です。隣同士で声に出して読みましょう。また、慣れたら早口で読むことにも挑戦してみましょう。

（出典：『外郎賣藭詞』株式会社ういろう発行資料　※旧仮名遣いを現代仮名遣いに改める等の改変を施しました）

拙者親方と申すは、御立会の中に御存じのお方もござりましょうが、お江戸を立って二十里上方、相州小田原一色町をお過ぎなされて、青物町を登りへお出でなさるれば、欄干橋虎屋藤右衛門、只今は剃髪いたして、圓斎と名乗りまする。

〈中略〉

只今は此の薬殊の外世上に弘まり、ほうぼうに偽看板を出だし、イヤ小田原の灰俵のさん俵の炭俵のといろいろに申せども、平仮名を以って「ういらう」と致せしは親方円斎ばかり、……。

〈中略〉

盆まめ盆米ぼんごぼう。摘蓼つみ豆つみ山椒、書写山の社僧正。こゞめのなま噛、小米のなま噛み、こん小米のこなまがみ、繻子ひじゅす繻子しゅちん。

〈中略〉

武具馬具ぶぐばぐ三ぶぐばぐ、合せて武具馬具六ぶぐばぐ。菊栗きくゝり三きくゝり、合て菊栗六きくゝり。麦ごみむぎごみ三むぎごみ、合せて麦ごみ六むぎごみ。

② 言葉遊びの実際

グループで協力し、画用紙などを等分に切って「ひらがなカード」や「反対言葉カード」を作ってください。各自が子どもになったつもりで遊びましょう。

あかるい	くらい	せめる	まもる	おきる	ねる	はやい	おそい
あたらしい	ふるい	たかい	ひくい	おとこ	おんな	ひく	おす
あつい	さむい	たつ	すわる	おとな	こども	ひる	よる
あんぜん	きけん	ちかい	とおい	おもい	かるい	ひろい	せまい
いく	かえる	つくる	こわす	かたい	やわらかい	ふかい	あさい
うえ	した	ながい	みじかい	かつ	まける	ふとい	ほそい
うる	かう	のびる	ちぢむ	きる	ぬぐ	まえ	うしろ
おおい	すくない	のる	おりる	きれい	きたない	みぎ	ひだり
おおきい	ちいさい	はじまる	おわる	さいしょ	さいご	むすぶ	ほどく
わらう	なく	よろこぶ	かなしむ	すき	きらい	よい	わるい

69

5 児童文化財①〔おはなし〕

この章で学ぶこと・・・

● 保育における児童文化財活用の意義を理解しよう。

●「おはなし」の意義を理解し、活用方法を身につけよう。

学びのキーワード

子どもの発見　大正自由教育運動　巌谷小波
口演童話　ストーリーテリング　余韻

1　児童文化財とは

1．児童文化と児童文化財

　子どもは、乳児期、幼児期、学童期、青年期という独自の発達段階を経て成長していきます。そのため、主体的な生活や自由な遊びの時間を確保するなど、健全な成長に向けた環境作りが欠かせません。いまでは誰もが知っている当たり前のことですが、日本には長いこと、子ども時代そのものの価値やかけがえのなさを大切にしようとする文化は一般的ではありませんでした。

　近代の幕開けとなった明治時代でも状況は同様で、子どもが大切にされることはあっても、主として農作業などを担う労働力として、あるいは将来の富国強兵の担い手として大切にされたのでした。

　子どもへのまなざしが大きく変わったのは大正時代、欧米で活発化していた新教育運動が紹介されてからです。これは、ルソーの「子どもの発見」に倣い、子ども時代そのものの価値と子どもの独自性を尊重した教育運動で、日本では「大正自由教育運動」として全国的な活動に発展しました。雑誌『赤い鳥』による児童文学運動も大きく貢献し、子どもの純粋無垢な心（童心）を大切に育てようとする機運が盛りあ

がったのです。

　そのような流れの中で、「児童文化」という言葉が誕生しました。これは 1922（大正 11）年に初めて登場したとされる、日本独自の概念です。

　この言葉は、広義には「子どもを取り巻くあらゆる文化の総体」を意味し、狭義には「児童文化財、児童文化活動、児童文化施設や政策など」を意味します。誰が創ったのかという観点から、児童文化を「大人が子どものために創った文化」と「子ども自身が創った文化（遊び、造形、絵、作文など）」とに分けて考えることもあります。

　また、児童文化の中でも特に、「子どもの健全な発達に役立つ文化的所産」を「児童文化財」と呼んでいます。保育現場でよく活用される児童文化財には、絵本、紙芝居、人形劇などの有形のものと、おはなし、歌遊び、言葉遊びなどの無形のものとがあります。

２．児童文化財活用の意義

　おはなし、紙芝居、絵本といった児童文化財は、いまや保育現場の必須アイテムといえるほど定着しています。まず、「幼稚園教育要領」と「保育所保育指針」における児童文化財の位置づけを確認しておきましょう。

① 「幼稚園教育要領」第２章「ねらい及び内容」「言葉」

【ねらい】
・日常生活に必要な言葉が分かるようになるとともに、絵本や物語などに親しみ、言葉に対する感覚を豊かにし、先生や友達と心を通わせる。
【内容】
・絵本や物語などに親しみ、興味をもって聞き、想像をする楽しさを味わう。

②「保育所保育指針」第２章「保育の内容」２「１歳以上３歳未満児の保育に関わるねらい及び内容」エ「言葉」

【ねらい】
- 絵本や物語等に親しむとともに、言葉のやり取りを通じて身近な人と気持ちを通わせる。

【内容】
- 絵本や紙芝居を楽しみ、簡単な言葉を繰り返したり、模倣をしたりして遊ぶ。

③「保育所保育指針」第２章「保育の内容」３「３歳以上児の保育に関するねらい及び内容」エ「言葉」

【ねらい】
- 日常生活に必要な言葉が分かるようになるとともに、絵本や物語などに親しみ、言葉に対する感覚を豊かにし、保育士等や友達と心を通わせる。

【内容】
- 絵本や物語などに親しみ、興味をもって聞き、想像をする楽しさを味わう。

　これらの「ねらい」と「内容」の趣旨を要約すると、絵本や物語などに親しむことを通して言葉や心を育んでほしい、ということになるでしょう。その絵本や物語を扱う際の心得をもう少し具体的に示したのが、次の「内容の取扱い」です。

【内容の取扱い】
- 絵本や物語などで、その内容と自分の経験とを結び付けたり、想像を巡らせたりするなど、楽しみを十分に味わうことによって、次第に豊かなイメージをもち、言葉に対する感覚が養われ

　るようにすること。
　（「幼稚園教育要領」「保育所保育指針」（「3歳以上児の保育に関
　するねらい及び内容」）いずれも共通。下線は筆者による）

　ここでは、絵本や物語の「内容と自分の経験とを結び付けたり、想
像を巡らせたりする」という楽しみを十分に味わうことによって、絵
本や物語に対する豊かなイメージをもたせるべきであることが示され
ています。では、なぜ絵本や物語の「内容と自分の経験とを結び付け
たり、想像を巡らせたりする」ことが必要なのでしょう。

　「おはなし」にも「紙芝居」にも「絵本」にも、物語があるところ
には必ず何らかの人生観があります。絵本や物語に接した子どもたち
は、主人公の喜びや悲しみ、知恵や勇気に心を寄せ、主人公と一緒に
さまざまな体験をします。つまり、主人公の生き方や人生観を共有す
るのです。その経験が子どもたちに現実を生きる知恵や勇気、希望を
与え、自己変革を迫り成長を促します。それゆえ、「内容と自分の経
験とを結び付けたり、想像を巡らせたりする」ことが大切なのです。

　児童文化財を扱うことは人生を語ることであり、生き方を伝えるこ
とです。そこに、児童文化財活用の大きな意義があるのです。

3．児童文化財と子どもの育ち

　「幼稚園教育要領」には、第1章「総則」第2「幼稚園教育におい
て育みたい資質・能力及び『幼児期の終わりまでに育ってほしい姿』」
の1に、「知識及び技能の基礎」「思考力、判断力、表現力等の基礎」「学
びに向かう力、人間性等」を育むよう示されています。これらは、い
わゆる「学力の3要素」の基礎として非常に大事にされている項目で
す（「保育所保育指針」にも同様の文言が掲載されています）。

　では、児童文化財はこれらの能力の育成とどのようにつながってい
るのでしょうか。もちろん、児童文化財は学力の育成を直接的な目的

[図表5-1-1]『スイミー』

スイミー
ちいさな　かしこい　さかなの　はなし
レオ＝レオニ
訳　谷川俊太郎

にして扱うわけではありませんし、学力の3要素も個別に存在しているわけではありません。児童文化財に接する楽しさや喜びが、子どもたちを総合的に育てているのです。

　そのことを念頭に置きつつ、ここでは皆さんの理解の一助とするために、便宜上、学力の3要素という3つの視点から児童文化財にスポットライトを当ててみることにします。レオ・レオニ、谷川俊太郎翻訳『スイミー』（好学社、1969）を題材として確かめてみましょう。

　この作品は、1977年以来、小学校2年生の国語科教科書（光村図書出版「こくご2年上」）に掲載され続けていますので、懐かしく思い出した方も多いことでしょう。あらましは次の通りです。

小さな赤い魚たちの中に、1匹だけ、スイミーという名の黒い魚がいた。ある日、魚たちはマグロに襲われ、泳ぎの速かったスイミーだけが助かった。海の底を一人ぼっちで旅する間に、スイミーはいろいろな素晴らしいものに出会い、少しずつ生きる元気を取り戻した。やがて同じ種類の魚に出会うと、皆でまとまり群れを成して泳ぐことを教え、大きな魚を追い出した。

---

① 「知識及び技能の基礎」

　知識及び技能は、絵本に書かれた未知の言葉や出来事に出会うことによって獲得されます。たとえば、本文中に「からすがいよりも　まっくろ」という表現が出てきます。からすがいを知らない子なら、「からすがいという名の貝がある」ということ、そして「それは真っ黒ではないけれど、かなり黒いものらしい」ということを知るでしょう。「に

じいろの　ゼリーのような　くらげ」「すいちゅうブルドーザーみたいな　いせえび」などの言葉も同様です。

②「思考力、判断力、表現力等の基礎」

岩陰に隠れていた小さな魚たちとの会話を見てみましょう。

> 「でて　こいよ、みんなで　あそぼう。おもしろい　ものが　いっぱいだよ！」
> 「だめだよ。」ちいさな　あかい　さかなたちは　こたえた。
> 「おおきな　さかなに、たべられて　しまうよ。」
> 「だけど、いつまでも　そこに　じっと　してる　わけには　いかないよ。なんとか　かんがえなくちゃ。」

　遊びに誘うスイミーと、大きな魚を怖がっているきょうだいたちとのやり取りは、論理的な思考に基づいています。これは子どもたちにとって、物事を理性的に考える際の手順を学ぶことにつながるでしょう。これに続く「スイミーは　かんがえた。いろいろ　かんがえた。うんと　かんがえた。」という記述も、考えるとはどういうことかを理解するきっかけになるはずです。

　たくさん考えた結果として、スイミーは皆で群れを成して泳げばよい、という判断に至ります。その判断内容を「みんな　いっしょに　およぐんだ。うみで　いちばん　おおきな　さかなの　ふりして！」と伝えています。その後の「スイミーは　おしえた。けっして　はなればなれに　ならない　こと。みんな　もちばを　まもる　こと。」などの一連の記述も判断結果をいかにして表現すれば相手に伝わるかという学びにつながるでしょう。

③「学びに向かう力、人間性等」

　絵本の内容に強い興味や関心をもち、登場人物の行動や体験を自分自身に結び付けたり想像をめぐらせたりすることで、豊かな情操が育まれることが想定されます。

　たとえば、仲間がマグロに襲われ、スイミーが一人寂しく海底を泳ぐ場面があります（→第 7 章を参照）。この見開きは一見単純ですが非常によくできており、スイミーの悲しみ、心の動揺、暗さ、強さなどが見事に表現されています。子どもたちは絵を読む天才ですから、それとは気づかずにスイミーの気持ちを自分のものとし、悲しみや辛さといった感情への理解を深めるに違いありません。それは「学びに向かう力、人間性等」の育成に直結しています。

　同様に、海底の素晴らしさに心を動かされ希望を見出す場面や、仲間と力を合わせ平和な海を勝ち取る場面なども、豊かな人間性を育むことにつながるでしょう。

② おはなし

1.「おはなし」とは

①おはなしの特徴

　「おはなし」とは、絵本などの道具類を何も使わずに、物語などを語り聞かせることです。内容を覚えておく必要があるため、おはなしは難しいと思っている人が多いようですが、そんなことはありません。

　何しろ、道具類を操作する技術は必要なく、誰でも手軽に始めることができます。面倒な準備も一切不要です。いつでもどこでも自分の語り一つで、子どもたちと夢の世界を共有することができるのですから、これほど簡単で楽しく、しかも奥深い児童文化財はありません。

　おはなしには、保育者にとっても子どもたちにとっても好都合な特性があります。保育者は、手元の絵本などを見る必要がありませんから、子どもたちのほうを向いて反応を確かめながら、臨機応変に話を進めることができます。それはお話の理解を深め、その場にいる皆の一体感を醸成しやすくする効果があります。

一方、聞き手である子どもたちにとって、絵がないことは一見情報不足のようですが、それがかえって作品世界を豊かに広げるきっかけになっています。既定の絵に縛られることなく、情景を自由に想像しながら楽しむことができるからです。また、子どもたちは、保育者の声と表情からお話の内容を読み取ろうとして必死になります。そのため、現場の先生方からは、子どもたちの集中力や理解力が高まったという声が聞かれます。

おはなしを語るためには、保育者自身が子どもやおはなしが大好きで、「伝えたい」という強い思いを抱いていることが必要です。そのためには、まずは皆さん自身がなるべくたくさんの物語に接するように心がけましょう。子どもたちに語りたいという思いは、皆さん自身が物語の世界の楽しさを実感することで自然に湧き上がってくるものです。なお、本書では、行為としての「お話し」や物語を意味する「お話」との混同を避けるため、児童文化財としての「おはなし」は平仮名で表記しています。

②おはなしの来歴

人類が言葉を獲得して以来、家庭の炉端や人々の集まる場所では、常にさまざまな物語が語られてきたと考えられます。各地に伝わる昔話や伝説は、そのように人から人、あるいは親から子へ、口承文芸として語り伝えられてきたものです。それが「おはなし」の源流と考えてよいでしょう。

日本では、明治時代の中頃から、教育的な意図をもって子どもたちにおはなしが語られるようになりました。その先頭に立ったのが、日本における児童文学の先駆者とされる巌谷小波（作家・俳人、1870-1933）です。彼は、縁あって自作のお伽噺を子どもたちの前で語ったところ評判がよかったため、この活動に本腰を入れるようになります。これは後に口演童話と呼ばれるようになり、巌谷小波、岸辺福雄、久留島武彦らの活躍によって全国的に広まりました。

　口演童話は、主として町の劇場や学校の講堂、図書館などで、時には千人以上の聴衆に向かって肉声で語られました。そのため、昔語りのようにのんびりしたものではなく、演説のように雄弁だったと伝えられています。しかし、昭和時代に入りラジオが普及するとともに衰退してしまいました。

　一方、アメリカの公共図書館では、1889年に、児童奉仕の一環としてお話の時間（ストーリーアワー）が設けられ、ストーリーテリングが始まりました。口演童話とは違い、本に書いてあるお話を覚えた図書館員が、少人数（せいぜい30名程度）の子どもたちに対して、語り掛けるように自分の言葉で伝えたのが特徴です。

　戦後、日本でも家庭文庫運動とともに、このストーリーテリングの考え方が広まりました。家庭文庫運動とは、篤志家の市民が自宅を開放し、近所の子どもたちに無料で本を貸したり、おはなしをしたりする活動です。東京では、個人で2つの家庭文庫を築いた土屋滋子（土屋児童文庫、入舟町土屋児童文庫）、作家の石井桃子（かつら文庫）、アメリカの図書館で勤務してきた松岡享子（松の実文庫）らが精力的に活動し、子どもの読書とおはなしの普及に貢献しました。やがて、この活動は1974（昭和49）年、子どもの読書専門の私立図書館である「東京子ども図書館」の設立に発展します。

　その他にも、作家や翻訳家、研究者などがアメリカの図書館サービスに触発されて、ストーリーテリングの講義や実演をするなど、普及に努めました。

　今日、保育現場や公共図書館で行われている「おはなし」は、この家庭文庫運動とストーリーテリングの影響を強く受けていると考えられます。

　なお、「素話」という言葉が、口演童話やストーリーテリングと混同して使われることがあります。しかし、本来の素話とは「音曲・鳴物を交えない落語。素噺」（広辞苑第七版）のことで、もともとは江

戸時代からあった落語の一形式です。

　また、「ストーリーテリング」という言葉も、歴史的な背景や独自の技術に裏づけされており、これを習得するためには専門の指導者について学ぶことが必要です。これらの名称を軽々しく使うことは避けたほうがよいでしょう。[★1]

　そのようなわけで、近年、保育現場や公共図書館では、絵本などの道具類を何も使わずに物語などを語り聞かせることを「おはなし」と称することが多く、本書もそれを踏襲しているのです。

2.「おはなし」の実際

①事前の準備

　児童文化財としての「おはなし」には、定められた理論や実践方法があるわけではありません。ここでは、主として保育現場の保育者によって伝えられている考え方や方法をもとに解説していきます。それらは、まとまった理論と方法をもっているストーリーテリングの影響が強いようですが、独自の工夫も加味されています。

⑴作品選び

　おはなしは、「簡潔でわかりやすくて面白い物語」を探すことから始まります。子どもたちにも理解できるわかりやすい言葉や内容、飽きさせない適度の長さ、そして語り手自身が「子どもたちに伝えたい」と感じる面白さをもった題材を選ぶことが大切です。

　簡単なことのように思えるかもしれませんが、これを一般的な童話から自分で探そうとすると意外に難しいものです。作品を選ぶ目が肥えてくるまでは、先人たちの実践に基づいて編まれたおはなし用の作品集などを使うのが安全です。

　少し慣れたら、昔話から探してみましょう。昔話は、人から聞き、

★1　アメリカの大学でストーリーテリングを学び、メリーランド州の公共図書館で実践してきた松岡享子は、日本におけるストーリーテリングという言葉の安易な使われ方に危惧を示している。

覚え、別の誰かに語るという口承文芸として伝わってきたため、物語の構造が基本的な約束事に則って構成されており、語り手にとっては覚えやすく、聞き手にとっても理解しやすいなど、「簡潔でわかりやすくて面白い物語」という、おはなしの題材としての要素を備えているのです。外国の昔話や物語、たとえば「イソップ物語」や「グリム童話」なども子どもたちに人気の定番です。

　なお、絵本に書いてある内容を覚えて「おはなし」に使うことは不適切です。なぜなら、絵本の多くは、絵と文を切り離すことのできない独特の児童文化財だからです。このことについては、第 7 章で学習します。

(2)内面化

　文字に記録されなかった時代の昔話は、人から人へと伝わるうちにさまざまな影響を受けて変化していきました。

　例えば、長野県上田地方には「小泉小太郎伝説」があります。小太郎は大蛇の母親から生まれたため大変な力持ちでしたが、遊んでばかりでその力を世の中に役立てることはしませんでした。ところが、山を隔てた長野県松本市には、龍を母親とする「泉小太郎伝説」があり、こちらは湖を囲む山を崩して松本盆地を開拓したという英雄譚になっています。これらはもともと一つの話だったものが、分化・発展していったのではないかと考えられています。[★2]

　「おはなし」は、物語を丸暗記しなければならないと思っている人がいるようですが、そのようなことはありません。そもそも、作品集が民話の語り口調で書いてあったとしても、そのまま読んだのではぎこちなく聞こえてしまうものです。

　大切なのは、保育者自身が物語を楽しむこと。楽しむことができれば、物語のあらすじは頭に入ってしまいます。そのあらすじを内面化

★2　柳田国男『桃太郎の誕生』（角川書店、1978 年改訂 6 版、180 頁）、この 2 つの伝説を併せて新たな創作童話としたのが松谷みよ子の『龍の子太郎』（講談社、1960）である。

して自分の言葉で語ればよいのです。当然ですが、原作とはニュアンスが異なってくるでしょうし、話すたびに細かな点が違ってきてしまうかもしれません。物語の趣旨、主題を勝手に変えることは許されませんが、多少の変化は気にせず、気軽に語ってみましょう。

⑶環境づくり

いつでもどこでも気軽に語れるのが「おはなし」の特長ですが、やはり好ましい環境を準備したほうが効果的です。特におはなしの場合、絵や人形といった実体がありませんから、子どもたちは想像力だけで頭の中に物語の世界を再現しなければなりません。子どもたちを魔法の世界に誘（いざな）うつもりで、落ち着ける環境づくりをしましょう。[★3]

ア　場所の選定

気の多い子どもたちにとって、周囲に気になるものがあるのは好ましいことではありません。気持ちを落ち着かせ集中させるためにも、おはなしの前に皆で整理整頓するとよいでしょう。

さて、いつもの保育室でおはなしする場合、保育者はどこに座ればよいでしょうか。たとえば、保育者の背後に窓ガラスがあって、園庭で遊んでいるほかのクラスの様子が見えていると、子どもたちの目はどうしてもそちらに向いてしまいます。保育者は飾り気のない壁を背にして座るのが基本です。適切な場所が見当たらない場合には、子どもたちから窓や出入り口が見えにくい向きを選ぶなど、状況に応じて対応しましょう。

イ　音や明るさへの配慮

窓を閉め、できるだけ外部の音が入ってこないようにします。部屋が明るすぎるのも落ち着きませんので、カーテンを引くなどするとよいでしょう。

とはいえ、外部からの刺激を完全にシャットアウトすることは不可

[★3]　この環境づくりは、紙芝居や絵本など、どの児童文化財にも共通する事項である（以下の章も同様）。

能です。もし園舎に余裕があれば、おはなし専用の部屋を確保できると理想的です。まだ一般的ではありませんが、公共図書館にも少しずつ広がっています。本物の別世界でお話を聞くことができるのですから、子どもたちの高揚感はいやが上にも高まります。

②おはなしのポイント

⑴見やすく聞きやすい位置関係

　おはなしをするときには、子どもたちからも保育者からも互いの顔がよく見え、声が聞き取りやすいように並ばせます。子どもたちの椅子を扇形に並べ、保育者がかなめの位置に来るようにするのが基本です。子どもたちの数が多いときには、互い違いにして、二重、三重に座らせましょう。

　目線の高さも大切です。子どもたちが椅子に座ったり床に座ったりしているのに、保育者が立って語るようでは、子どもたちは首が痛くなりますし、威圧感を感じてしまいます。保育者の目線が少し高く、子どもたち全員を見渡すことができる程度が最適です。

⑵主人公は子どもたち

　おはなしの時間を保育者の自己表現・芸術表現の場だと思っている人がいますが、それは大変な誤解です。おはなしの時間は、子どもたちが主人公です。これは、おはなしをする際の最も基本的な心構えです。

　子どもたちが主人公ですから、子どもたちの想像世界を大事にしなければなりません。大声や極端な声色、大げさな感情表現など、押しつけがましい演出は子どもたちの想像世界を壊してしまう可能性があるので控えましょう。

　筆者はかつて、『おおきなかぶ』をおはなししている途中で突然立ち上がり、「うんとこしょ、どっこいしょ！」と大声を張り上げて演技を始めた人を見たことがあります。この方は絵本『おおきなかぶ』（ロシア民話、A・トルストイ再話、内田莉莎子訳、佐藤忠良画、福音館

書店、1998）の絵を知っていてその真似をしたのかもしれませんが、子どもたちはカブの大きさや畑の様子など、めいめいが独自の情景を想像していたはずです。その想像世界に突如、激しい演技が飛び込んできたのですから、戸惑いはいかばかりだったでしょう。

　ご本人は得意げでしたが、綱引きをするようなワンパターンの引っ張り方、カブが抜けるときの「すっぽーん」という安っぽい擬音等々、子どもたちの言葉と想像世界を損なうことがとても案じられました。

(3)顔を見ながら自然に語る

　落ち着かない子どもがいたら、ゆったりとした手遊びや静かな歌を歌うなどして落ち着かせ、これから始まるおはなしへの期待感をもたせるようにしましょう。子どもたち全員の聞く姿勢ができたら、いよいよおはなしの始まりを伝えます。

　おはなしは、肩の力を抜いて子どもたちの目を見ながら、適切な声の大きさ、高さ、スピードで、自然に語るのが基本です。「自然に」とは、不自然な演出（声色を使ったり激しい感情を込めたりするなど）を加えずに自分らしく、という意味です。表情豊かに語っていれば十分伝わりますので、身振り手振りも自然に出てくる程度に留めます。静かで知的な雰囲気の中で一体感を醸成させましょう。

　ただし、単調すぎて登場人物の違いがわからないのでは困りますし、抑制的すぎて喜んでいるのか悲しんでいるのか伝わらないのも困ります。場面の状況が伝わる程度に感情を込めることは必要です。一般的に小さい子どもには少し大げさなくらいの表現をしたほうが伝わりやすいですが、具体的なことは子どもたちの様子によって違ってきますので、状況に応じて適宜判断するようにしてください。

(4)余韻を大切にする

　昔話は「昔々、あるところに……」などの発端句で始まり、「どっとはらい」などの結末句で終わります。童話を語るときにも同様におはなしの始まりを伝え、終わりには「これでおしまい」などと、必ず

終了を宣言します。この言葉によって、空想の世界はここまでですよ、と知らせることになり、子どもたちは気持ちを切り替えることができるのです。

　終了の宣言とともに子どもたちから感動の拍手が湧き上がったら大したものですが、保育者のほうからお礼を言わせたり拍手を促したりするのは本末転倒です。それでは一体誰が主人公なのかわからなくなってしまいます。

　おはなしを聞き終わった直後の子どもたちは、言いようのない感動に浸っています。そのような風情や味わいを「余韻」と呼んでいます。終了を宣言したあともすぐには立ちあがらず、しばらく余韻に浸る時間を取ってから静かに移動させるようにしましょう。

　その間、子どもたちから自然に声が出てきたら共感的に受け止めますが、小学校への接続を目的とした読み聞かせ（卒園を間近にした子どもたちが対象となるでしょう）以外では、「どうだった？」などと感想を求めることはしません。せっかくの余韻が吹き飛んでしまいます。感想を述べさせることは「小学校学習指導要領」に示されている指導内容です。幼稚園や保育所における読み聞かせは、「絵本や物語に親しむ」ことが目的であることを忘れてはなりません。

　また、特に困るのは、「皆さんも油断しないで、カメさんみたいに根気強くがんばりましょうね」などと説教や教訓を垂れることで、これは子どもたちの心に咲いた花園に土足で踏み込んで蹴散らすような行為です。

　文学作品の受け止め方は人により千差万別です。「ウサギとカメ」のお話でたとえるなら、カメの努力に共感する子もいるでしょうが、居眠りして負けてしまったウサギに寄り添う子や、寝ているウサギに気づきながら素通りしたカメの態度に疑問を抱く子だっているかもしれません。作品の価値というものは、既成概念や大人の一方的な基準で決められるものではないのです。

　誰に言われなくとも、子どもたちは登場人物の喜びや悲しみに寄り添い、智慧や勇気を反芻しながら内面化し、自分のものとしていきます。ある意味、余韻こそ最も大切な時間なのです。[4]

　以下にご紹介するのは、「おはなし」に適した良質の物語集です。

『**おはなしのろうそく**』
（全32巻・続巻刊行中）
東京子ども図書館 編集
東京子ども図書館、1989〜

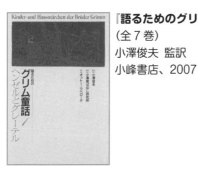

『**語るためのグリム童話**』
（全7巻）
小澤俊夫 監訳
小峰書店、2007

『**子どもに語る 日本の昔話**』
（全3巻）
稲田和子・筒井悦子 再話
こぐま社、1995〜1996

★4　昔話の中には、最後に教訓が語られるものもある。それらは尊重しなければならない。

演習課題 ❺

① 児童文化財とは

■あなたは子どもの頃、どのような児童文化（特に、遊びやおもちゃなど）に囲まれていましたか。エピソードなども交えてノートに書きましょう。

② 「おはなし」

■「おはなし」をするときのポイントをノートにまとめましょう。

アクティビティ ❺

① 児童文化財とは

　子どもの頃によく見たテレビ番組を思い出してください。その番組から教えられたこと、得られたことはありましたか。グループで話し合ってみましょう。

② 「おはなし」

　昔話や童話などから物語を一つ選んで内面化（98頁参照）し、隣同士あるいはグループで互いにおはなしをしてみましょう。

この章で学ぶこと・・・

● 日本独特の文化財である紙芝居の歴史と特性を知ろう。

● 紙芝居の演じ方のポイントを学び、実演してみよう。

学びのキーワード

街頭紙芝居　教育紙芝居　脚本　舞台

物語完結型　観客参加型

1 紙芝居とは

1. 紙芝居の歴史

①紙芝居の源流

[図表 6-1-1] 『**画集に見入る女性（平安時代）**』参考:『源氏物語絵巻』

紙芝居は日本独特の文化財です。現在のような形式に発展したのは昭和時代に入ってからですが、そもそもの始まりについては諸説あります。

たとえば、平安時代に描かれた『源氏物語絵巻』の「東屋（一）」には、侍女に物語を読ませながら画集に見入る女性（浮舟:光源氏の異母弟の娘）が描かれており、これが紙芝居の源流ではないかとする説があります。

確かに、絵に対応した物語を語り手が読み上げるあたりは紙芝居と共通する要素だといえるでしょう。

江戸時代末期には、幻灯機を使い、

怪談や敵討ちをテーマとした画像を語りとともに上映する「写し絵」が流行しました。その後、写し絵は廃れてしまいますが、そこに携わっていた人々の中から、紙に描いた絵人形を使って演じる「立ち絵」（「紙芝居」とも呼ばれました）が派生しました。

さらに昭和初期（1929年とされています）になると、その「立ち絵」を発展させ、物語の各場面を1枚の絵に収めて演じる人たちが現れました。これが今日の紙芝居形式の登場です。当初は「立ち絵」と区別するため、それぞれ「立ち絵紙芝居」「平絵紙芝居」と呼ばれましたが、その後、後者が主流となり、紙芝居といえば「平絵紙芝居」を指すようになりました。

②街頭紙芝居

この新しい紙芝居は、瞬く間に全国に広まりました。娯楽の少なかった当時、路上や公園で紙芝居を見せる「街頭紙芝居」が人気となったのです。1933（昭和8）年の東京には、この街頭紙芝居屋が2000人ほどいたという記録が残っています。

もちろん、街頭紙芝居屋はボ

[図表6-1-2] **立ち絵（紙芝居）**

[図表6-1-3] **街頭紙芝居**

ランティアではありません。主目的はお菓子の販売でした。紙芝居屋は、貸元（かしもと）と呼ばれる組織に所属し、そこから菓子類を仕入れ、紙芝居を借りて町へ繰り出していったのです。拍子木（ひょうしぎ）を鳴らして子どもたちを集めると、真っ先に水飴などの菓子類を売り、買った子どもたちにだけ紙芝居を見せました。

　街頭紙芝居の主な内容は、「活劇」「悲劇」「マンガ」★1でしたが、子どもたちの好奇心を集めようとするあまり、徐々に扇情的で猟奇的、荒唐無稽な、いわゆるエログロナンセンスといわれる刺激の強いものになっていきました。また、販売する菓子類も、一斗缶に入った水飴をその場で割りばしに絡めて渡すなど、必ずしも衛生的とはいえず、しばしば社会問題になりました。

　それでも、街頭紙芝居の人気は、戦後、一般家庭にテレビが普及する1960年代初頭まで続きました。

③教育紙芝居

　一方、子どもたちを夢中にさせる紙芝居の影響力に注目し、これを教育面で積極的に活用しようとする人々も現れました。

　今井よねは、キリスト教の布教伝道のために紙芝居を作成し、日曜学校で演じました。今井は紙芝居の出版活動にも携わり、1933年には日本で初めての印刷紙芝居『少年ダビデ』を刊行しました。松永健哉は、1937年に「日本教育紙芝居連盟」（1938年には「日本教育紙芝居協会」に発展）を設立し、紙芝居の教育現場での活用を啓発しました。

　また、高橋五山（1888-1965）は、従来の紙芝居に芸術性と教育性を加えることで優れた文化財になると考え、自身が設立した出版社（全甲社）から、世界の名作童話や民話などを「幼稚園紙芝居」シリーズ

★1　上地ちづ子『紙芝居の歴史』久山社、1997年

★2　浜田廣介監修、高橋五山脚本、蛭田三郎画『ピーター兎』全甲社、1938年。原題は"THE TALE OF PETER RABBIT"（ビアトリクス・ポター『ピーターラビットのおはなし』）で、同書の単独の出版物としては本邦初となる。

として刊行し、保育現場での紙芝居の普及に尽力しました。このシリーズは、『ピーター兎』[★2]を含むなど、海外児童文学の受容にも大きな役割を果たしました。

これらの人々が関わった紙芝居は、当初から教育的な意図をもって作られたため、「街頭紙芝居」に対し「教育紙芝居」と呼ばれています。

今日、高橋五山は教育紙芝居の生みの親と言われており、彼の功績を記念して、年間で最も優秀な紙芝居を表彰する「高橋五山賞」が設けられています。

2．紙芝居の特性

①人間関係の深まり

紙芝居の特性は、絵本と対比して考えるとわかりやすくなります。絵本は本来、個人的な体験です。大人が子どもに向けて「読み聞かせ」をすることはありますが、基本的に子どもが自分で楽しむものです。自分の手でページをめくることによって画面が展開し、話が進んでいきます。めくるタイミングは自由ですし、じっくりと立ち止まって読むことも、早送りすることも可能です。どこまでも個人的な関係によって成り立っているのが絵本の世界です。

一方、紙芝居は、一対一で演じる赤ちゃん用もありますが、基本的には演じ手が多数の観客を前にして演じることを前提に作られています。個人的に楽しもうにも、絵と脚本は表と裏の関係ですから通常は同時に見ることはできません。紙芝居を楽しむためには、どうしても演じ手が必要です。作品と観客、そして演じ手という多方向の関係によって成り立っているのが紙芝居の世界です。

このことは、保育者と子どもたち、あるいは子どもたち同士の人間関係を深めることになり、保育現場で紙芝居を活用する大きな意義ともなっています。

②「演じる」という表現手法

　一般的に、紙芝居は「読むもの」と思われていますが、実はそうではありません。「紙の芝居」と書くとおり、紙芝居はお芝居です。お芝居をするのは絵の中の登場人物ですが、その登場人物を動かしてお芝居させるのは演じ手です。したがって、おはなしの「語り」や絵本の「読み」とは違う、「演じる」という表現手法を取ります。裏に書いてある文章は「脚本」と呼ばれています。

③理解のしやすさ

　紙芝居は、多数の観客を前にして演じることを前提として作られているため、その絵は、遠目にもわかりやすいように単純明快です。しかしながら、決して内容が薄いわけではありません。絵本の多くが15見開きであるのに対し、紙芝居の多くは8枚あるいは12枚です。[★3]限られた枚数で必要な情報が伝わるよう、練りに練って、濃い内容を単純明快に描いているのです。そのため、小さな子どもたちにも伝わりやすく、理解しやすいという特性があります。

3．紙芝居の表現手法

　紙芝居の絵は観客から見て左へ抜いていきますので、登場人物は通常、画面の左を向き、左へ左へと進んでいきます。ここでは実際に絵を見ながら、紙芝居の基本的な表現手法を確かめてみましょう。

『**てんぐのかくれみの**』
常光徹 脚本
長野ヒデ子 絵
童心社、2012

★3　民話などには16枚のものもある。大きな紙に印刷してから裁断するため、たいていは4の倍数になる。なお、絵本も同様で、その多くは8枚に裁断したものを二つ折りにしてから見返しをつけて表紙に貼り付けるため15見開きになる。

【表紙】

　村はずれの一本松を舞台にして、彦一と天狗が描かれています。いずれも遠目にもわかるように、はっきりとした輪郭の中に強い色彩で描いてあり、細かな部分を省略した単純明快な絵です。また、彦一も天狗も、体に対して顔がとても大きく描いてあります。これも表情を確実に伝えるための工夫です。

　彦一は楽しそうに覗いていますが、遠眼鏡は空を向いています。観客はすぐに、彦一がでたらめを言っていると気づくでしょう。

　天狗は遠眼鏡を覗いてみたくてたまらないという表情です。松の木から飛び出さんばかりにグッと身を乗り出している姿がその気持ちを雄弁に物語っています。

【3枚目、4枚目】

　3枚目と4枚目は、村の男女がほぼ同じ位置に描かれています。紙芝居の登場人物は、通常、何事もなければ左へ進んでいくのですが、この2人も夏祭りのお供えでしょうか、団子をうやうやしく掲げて左へ向かっています。

　ところが、隠れ蓑を着た彦一がこの団子を食べてしまったため、男女は驚きます。その腰を抜かさんばかりの驚きが4枚目に表現されており、2人とも進行方向とは逆の右側に傾いています。

　3枚目の演出ノートには、「言葉に合わせて、リズミカルにぬいて下

3枚目

4枚目

さい」とあります。その通りに、「ひょい　ひょい　ぱくり　ぱくり」
の脚本に合わせて抜くのもいいですが、ここは自分なりに工夫しても
面白いところです。たとえば、3枚目を一気に抜いて4枚目に移ると、
観客の目からも一瞬で団子が消えてしまい、男女の驚きが効果的に伝
わると思います。

【10枚目、11枚目】

　10枚目は、村人に追いかけられ、大急ぎで左へ向かって逃げる口お
化け（彦一）が描かれ、脚本の最後には「―さっとぬきながら―　びゅ
～ん！」とあります。そのとおりにサッと抜くと、11枚目には、画面
に収まり切れないほど大きな天狗が恐ろしい形相で待ち構えています。

　画面に全身を収めず、一部をカットして描く技法を「断ち落とし」
と呼んでおり、大きさを強調する効果があります。圧倒的な存在感の
天狗が画面の左端で右側を向いて待ち構えているのですから、彦一は
もうこれ以上進めません。天狗が起こした風に吹き飛ばされ、頭を進
行方向とは逆の右側に向けて倒れてしまいます。これで逃走劇が終
わったことが視覚的にもわかるようになっているのです。

10枚目

11枚目

　以上、ほんの一部しかご紹介できませんでしたが、優れた紙芝居は、
濃い内容を単純明快に描いています。そのため、小さな子どもたちに
も理解しやすく、しかも、繰り返し演じても飽きさせない深みがある
のです。

② 紙芝居の実際

1．事前の準備

①作品選び

　紙芝居を選ぶ際には、演じる目的、季節、対象年齢の３つを考慮することが大切です。たとえば、豊かな情操を育むことが目的なら「民話」や「創作童話」が適していますが、季節感が合致しているか、対象となる子どもにわかる表現かどうかを確かめなければなりません。

　作品の種類（ジャンル）も作品選びの手掛かりになりますが、最終的には保育者自身の目が大切です。そもそも、紙芝居に限らず、児童文化財に定まった種類はありません。限られた枠に当てはめて分類することは、それを扱う人に先入観をもたせ、作品の幅広い解釈を制限してしまう可能性もあります。

　実際、作者がどのような意図で作品を制作しようとも、その解釈は人によって違いますし、複数のジャンルにまたがったテーマをもつ作品も多数あります。いずれにしても、保育者が実際に中身を改め、子どもたちに伝えたいと思える内容かどうかを確かめる必要があるのです。

　ここでは、よく使われる一般的な種類を列記します。

　紙芝居の内容によって、「赤ちゃん」、「物語（童話・創作）」「民話」「認識・生活」「自然・科学」「その他」に分けられます。

「赤ちゃん」

主として 0、1、2 歳児に向けてつくられた紙芝居です。

『ワン　ワン　ワン』
とよたかずひこ 脚本・絵
童心社、2006

「物語（童話・創作）」

　名作童話などを原作として紙芝居化したものや、新たに創作したものなどがあります。

『人魚ひめ』
アンデルセン 作
堀尾青史 脚本
いわさきちひろ 画
童心社、1976

『へんてこおじさん』
前川かずお 脚本・絵
童心社、1982

「民話」

昔話や伝説をもとにした紙芝居です。

『**やまんばのにしき**』
松谷みよ子 脚本
松成真理子 絵
童心社、2017

「認識・生活」

身の回りや社会の事象について、わかりやすく伝える紙芝居です。

『**ひとりでできるよ**』
宮﨑二美枝 脚本
夏目尚吾 絵
童心社、2009

「自然・科学」

自然や科学的なテーマについて、わかりやすく伝える紙芝居です。

『**あげはのルン**』
得田之久 脚本・絵
童心社、2001

また、演じ手と観客との関係性から、「物語完結型」と「観客参加型」

に分けることがあります。

「物語完結型」とは、最初から最後まで演じ手が一方的に語るタイプの紙芝居で、「物語（童話・創作）」や「民話」に多くみられます。「観客参加型」は、絵を抜くという紙芝居の特性を活用しつつ、演じ手と観客が双方向のやり取りを楽しみながら進めるタイプです。

「観客参加型」

『**すっすっはっはっ　しんこきゅう**』
長野麻子 脚本
長野ヒデ子 絵
童心社、2019

②内面化

先述したとおり、紙芝居は「演じる」ものです。演じ手は、ただ脚本を読むのではなく、登場人物に演技させなければなりません。そのためには、「下読み」と呼ばれる十分な下調べと練習が必要です。

どこをどのような口調で読むべきか、抜き方や効果的な間の取り方など、最低限のことは脚本の欄外に「演出ノート」として示されていますが、やはり自分なりの工夫も入れたいものです。また、意味のよくわからない言葉があれば、調べておかなければなりません。繰り返し下読みをして、作品の主題を解釈し作品を自分のものにする、つまり内面化するようにしましょう。

〔下読みの方法〕[★4]

下読みする際には、絵を確かめながら進めます。声優で紙芝居実演家としても著名な右手和子（1927–2011）が便利な方法を推奨してい

★4　長野ヒデ子編著、右手和子・やべみつのり『演じてみよう つくってみよう 紙芝居』石風社、2013 年

ますので概要をご紹介します。

1　紙芝居をそろえて上向きに置く。

2　最後（一番下）の絵を抜いて、脚本が見えるようにして左側に置く。

3　1枚目を読み終えたら、右側の一番下に戻す（右に戻すのは1枚目だけ）。

4　右側の一番上を左に抜き、裏返して左側に重ねて読み進める（これを繰り返す）。

［図表6-2-1］下読みの方法

　このようにして下読みをすると、次の絵の出方を確認できるため、絵と脚本の対応関係が理解でき、抜き方を工夫することも可能になります。

　なお、実演するときに混乱しないよう、下読みが終わった紙芝居は、必ず順番を確かめてから元に戻しましょう。番号は絵の左下に書いてあります。

２．舞台の必要性

　紙芝居は子どもたちの目線より少し高い位置に舞台を設置し、その中に入れて演じます。舞台は「なるべく使ったほうがよい」ものではなく、必ず使うものです。舞台のないお芝居が存在しないように、舞台のない紙芝居はあり得ません。

　ところが忙しいためでしょうか、舞台を使わずに手に持ち、上へ上へと抜いていく演じ方を見かけることがあります。先述したように、紙芝居は観客から見て左へ抜くことを前提にして構成されており、登場人物は通常、左を向き、左へと進みます。それが紙芝居の本質的な特性なのです。手に持って上へ抜くという演じ方は、この特性をまったく無視していることになりますので、くれぐれも気をつけてください。

　舞台を使うことには、次のように2つの意義があります。

①別世界を作る

　美術館に行くと、どの絵も素敵な額縁に入れて展示してあります。絵はなぜ額縁に入れて飾るのでしょう。もちろん、絵を保護する目的もありますが、それだけではありません。

　もしも、絵を壁に直接貼り付けたとしたら、絵と壁の境界が曖昧で、絵の世界が壁に埋没してしまいます。たとえ高名な画家の作品であっても、その価値に気づく人は多くはないでしょう。額に入れることによって、壁から独立した別世界が広がり、絵のよさが見えてきます。額縁には空間を切り取り、中の絵を際立たせる働きがあるのです。

　紙芝居の舞台にも同じような働きがあります。舞台に入れて演じることにより、観客は容易に物語の世界に入り、空想の世界に遊ぶことができるのです。

　特に優れているのは茶褐色の二面開きの舞台です。これは日本の舞台美術の先駆者である伊藤熹朔（1899-1967）が考案したものが基になっており、袖のなだらかな曲線が日常世界を仕切り、その中に非日常の世界を現出させる歴史的な傑作です。

②余計な動きを見せない

　紙芝居は次から次へと絵を抜き、新しい絵を見せることによって話が展開していきます。必要のない絵がいつまでも観客に見えているのは好ましくありません。このとき、舞台の袖があると、抜いた絵をあ

る程度隠すことができます。また、演出上、絵を完全には抜かず途中で止めることもありますが、そのようなときにも、前の絵を隠すことができるのでたいへん便利なのです。

3．演じ方のポイント

①立ち位置

　「紙芝居の特性」のところで、紙芝居は、「作品と観客、そして演じ手という多方向の関係によって成り立っている」と学びました。観客参加型はもちろん、物語完結型の紙芝居であっても、観客は視界の片隅にいる演じ手の表情や全身の動きも楽しみながら内容を理解し、鑑賞しています。したがって、演じ手がどこに立つかは非常に重要な問題です。

　よく見かけるのは、舞台の後ろに立って演じるというスタイル。恥ずかしいからでしょうか、ほとんど隠れるようにして読んでいる人もいます。これでは声が遮られて通りにくいですし、演じ手の表情や体の動きも見えにくく、立ち位置としてはまったく不適切です。

　最適の立ち位置は、作品のタイプによって異なります。「物語完結型」の場合は、観客から見て舞台の左手やや後方。ここですと、観客は演じ手のほぼ全身を見ることができます。演じ手の表情だけでなく、感情にともなって発散される雰囲気や微妙な体の動きも、絵と一緒に味わうことができるのです。一方、演じ手にとっても、絵の抜き挿しがしやすく、脚本を読みやすい位置です。

　「観客参加型」の場合には、舞台のすぐ横に立ちます。ここですと、演じ手は子どもたちと一緒に絵を見て、問い掛けなどしながら演じることができます。ただし、脚本が読みにくくなるのは仕方ありません。読むのに精一杯で子どもたちのほうを見られないということのないように、事前に十分な下読みをしておくことが必要です。

［図表6-2-2］紙芝居の立ち位置

物語完結型

舞台の左手やや後方に立つが、
体は隠さない。

観客参加型

舞台のすぐ横に立つ。

②始め方

　子どもたちの聞く準備ができたらすぐに始めても構いませんが、簡単なお話や手遊びなど、気持ちを集中させ期待を高めるような導入があってもよいでしょう。

　いよいよ始めるときには「紙芝居のはじまりー」と宣言し、舞台を開けてから、題名を紹介します。

［図表6-2-3］舞台の開け方

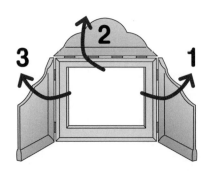

遠いところから1、2、3の順に開ける。
終わるときには、近いところから3、2、1の順に閉める。

　なお、いずれの児童文化財にも共通しますが、作品を演じるにあたっては、題名とともに作者名を紹介するのが作者への礼儀とされていま

す。しかしながら、小さな子どもが対象の場合、「作者」という抽象的な言葉が理解できないため、あえて紹介しないのが一般的です。

　もちろん、発達状況によっては、作者名を知らせることにより同じ作者のほかの作品に興味をもつことも期待できるため、作者名を積極的に読み上げている園もあるようです。そのような場合には、「このお話を作ったのは〇〇さんという人です。絵を描いたのは△△さんという人です」というように簡単な言葉で紹介するとよいでしょう。

③声と感情表現

　観客参加型の紙芝居は、演じ手の明るさが大切です。明るく元気にはきはきと、楽しい雰囲気で観客に問いかけながら演じましょう。

　物語完結型の場合、地の文は場面の状況がよく伝わるように気持ちを込めて語ります。会話文は喜怒哀楽が伝わるように、声の高さや強弱を工夫しながら気持ちを十分に込めて演じます。ただし、あまりに大げさな声色や感情表現は、やはり想像世界を壊しかねません。お芝居ですから、「おはなし」や「絵本」よりは豊かであるべきですが、子どもたちの小さな心への配慮が大切です。

　これもどの児童文化財にも共通することですが、適切な声の大きさや感情表現は、子どもたちの様子や保育者のスキルによって大きく違ってきます。繰り返し実践を積み重ね、感覚的に覚えるようにしてください。

④スピードと間

　紙芝居を見ている子どもたちは、目と耳からの情報を頼りに、場面の状況を一生懸命理解しようとしています。内容を知っている大人のスピード感覚で演じたのでは速すぎます。子どもたちの理解力に合わせ、じっくりと演じましょう。

　また、場面の転換点ばかりでなく、期待や余韻をもたせるときにも、適度の「間」を入れると効果的です。間を取るときには、心の中でゆっくり３つ数えるくらいが適当です。

　絵を抜いたあと、慌てて後ろに挿す必要もありません。慌てて挿し込むと絵を痛めたり順番を入れ違えたりする危険もあります。絵を抜き挿しする時間は、子どもたちの理解が追いつくためのちょうどよい「間」だと考えましょう。

⑤抜き方

　情感を込める場面ではゆっくり抜き、驚かせる場面では一気に抜くのが基本です。また、期待をもたせたり、次の絵とセットで状況を説明したりするために、途中で止めるという抜き方もあります。多くの紙芝居には、途中で止める位置に印がついていますが、自分なりの工夫で止めたい場合には、あらかじめ鉛筆で印をつけておきましょう。

⑥動かし方

　基本的な抜き挿しに慣れてきたら、舞台の中で絵を動かすことにも挑戦してみましょう。たとえば、前後にパタパタと動かすと風が吹いている様子などを表現できますし、左右に小刻みに動かすと恐怖で震えている様子などを表現できます。また、先述した右手和子は、登場人物が歩く場面では、絵の左端を5mmほど持ち上げては降ろす動作を繰り返すことを推奨しています。

　いずれも、本来動くはずのない絵を動画的に見せるためインパクトが強く、多用するのは考えものですが、ここぞという場面で使うと大変効果的です。

［図表6-2-4］絵の動かし方

絵の右下を支点にして、左側をトコトコと上下させることにより、歩いているように見せることができる。

⑦**終わり方**

　最後の場面を読み終わったら、ゆっくり「おしまい」と言って終了を宣言し、そのまま最後の場面は抜かずに、そっと扉をしめます（扉は自分に近いほうから閉めていきます）。余韻の大切さについての考え方は、第5章第2節2.②⑷で解説したとおりです。

演習課題 ❻

① 紙芝居とは

■街頭紙芝居と教育紙芝居の違いについてノートにまとめましょう。

② 紙芝居の実際

■紙芝居にはなぜ舞台が必要なのか、その理由をノートにまとめましょう。

アクティビティ ❻

① 紙芝居とは

　紙芝居の舞台を用意し、「物語完結型」「観客参加型」のそれぞれに最適な立ち位置を確かめましょう。

② 紙芝居の実際

　舞台と紙芝居を用意し、効果的な絵の抜き方や動かし方を確かめましょう。

児童文化財③〔絵本とは何か〕

この章で学ぶこと。。。

● 絵本各部の名称や絵本のジャンルを知ろう。

● 絵と言葉が協力する絵本の特性を理解しよう。

学びのキーワード

絵（イラストレーション）　言葉（テクスト）
めくる　色　向き　位置

1　絵本の基礎知識

1．絵本の定義

　「絵本」とは、一体何でしょう。辞書を引いてみますと、「絵を主体とした児童用読み物」（広辞苑第七版）とあります。

　一見もっともらしく思えるのですが、よく考えてみますと不明なことも多く、現実にはこの説明に当てはまらないケースがたくさんあることがわかります。

　そもそも、「絵を主体とした」という説明が曖昧です。一体、絵がどの程度の割合があれば「主体とした」といえるのでしょう。世の中には、言葉そのものの面白さを扱った絵本や童話に説明調の絵を加えただけの絵本など、言葉を主体とした絵本が少なからずありますし、絵がないことを売りにしている自称「絵本」[1]もあります。それらは「絵本」とは呼べないのでしょうか。

　また、「児童用」という表現も不可解です。「児童」の範囲が不明ですし、最近では働き盛りの大人が読むことも珍しくなく、「高齢者向けの絵本」と銘打ったものさえあります。

★1　Ｂ・Ｊ・ノヴァク、大友剛訳『えがないえほん』早川書房、2017 年

　「読み物」の意味もよくわかりません。「読み物」ということは「文学」ということになるのでしょうか。確かに、絵本の文章は洗練されていますし、絵本を「児童文学」のコーナーに置いている本屋さんもあります。

　実は、絵本を研究対象とした学問はまだ歴史が浅く、「絵本とは何か」についての定説はありません。今後さまざまな発見がなされていくと思いますが、本書では今のところ次のように捉えています。絵本とは、「絵（イラストレーション）と言葉（テクスト）が協力し合って作品世界を構成する表現媒体」です。

２．絵本各部の名称

　今後、いろいろな場面で、絵本各部の名称が出てきます。絵本について勉強するうえでどうしても必要な用語ですので最初に確認しておきましょう。

[図表 7-1-1] 絵本各部の名称

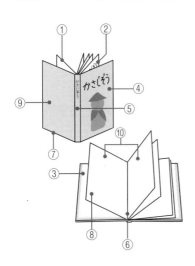

①天（本体の上辺部分）
②扉（タイトルが書いてあるページ）
③見返し（表紙あるいは裏表紙を開いたときの左右両ページ分。表紙に固定されている側を「効き紙」、反対側を「遊び紙」と呼ぶ）
④表紙（裏表紙と区別するため、表（おもて）表紙と呼ぶこともある）
⑤背（背表紙とも呼ぶ）
⑥のど（本を開いたときの中心、折り目）
⑦地（本体の底辺部分）
⑧小口（ページを開く側の辺・高さの部分）
⑨裏表紙
⑩見開き（本文を開いたときの左右両ページ分。「見開き1」「見開き2」と表現する）

3．絵本の種類（ジャンル）

　絵本の種類（ジャンル）に、定まった分け方があるわけではありません。第6章でも述べましたが、作品の解釈は人によって違いますし、複数のジャンルにまたがったテーマをもつ作品も多数あります。いろいろな人がいろいろな観点（対象年齢や内容など）から分類しているのが現状です。ここでは、一般的な種類を確認しておきましょう。

①赤ちゃん絵本

　「赤ちゃん」といっても乳児限定ではなく、大抵は0、1、2歳児を読者対象とした絵本です。顔や身近な道具など、知っているものを見つける喜びをテーマとしたもの、言葉の響きそのものを楽しむことをテーマとしたものなどがあります。

『くっついた』
三浦太郎
こぐま社、2005

『もいもい』
市原淳 著
開一夫 監修
ディスカヴァー・トゥエンティワン、2017

②物語絵本

　絵本の主流をなすジャンルです。(1) 創作物語絵本、(2) 民話絵本、(3) 童話絵本、(4) ファンタジー絵本、(5) ナンセンス絵本、(6) 文字なし絵本を含む広い概念です。

(1)創作物語絵本

何かを物語ることを目的として、新たに創作された絵本です。

『14ひきのひっこし』
いわむらかずお
童心社、1983

『ファイアー』
長谷川集平
理論社、2020

(2)民話絵本

昔話や伝説の再話に絵を組み合わせた絵本です。

『だいくとおにろく』
松居直 再話
赤羽末吉 イラスト
福音館書店、1962

『天女のはごろも』
小澤俊夫・時恭子 再話
田代知子 絵
くもん出版、2008

⑶童話絵本

　童話を原作とする絵本です。「民話絵本」と同様に、どの場面を絵にするかによって、作品の雰囲気が大きく変わってきます。

『**なめとこ山の熊**』
宮沢賢治 著
あべ弘士 イラスト
ミキハウス、2007

『**でんでんむしのかなしみ**』
新美南吉 著
井上ゆかり イラスト
にっけん教育出版社、2005

⑷ファンタジー絵本

　現実と非現実の世界を行き来する内容の絵本です。

『**すきですゴリラ**』
アントニー・ブラウン 著
山下明生 翻訳
あかね書房、1985

『**もりのおくのおちゃかいへ**』
みやこしあきこ
偕成社、2010

⑸ナンセンス絵本

言葉と絵による知的な遊びや笑いの世界を描いた絵本です。

『がたごとがたごと』
内田麟太郎 著
西村繁男 イラスト
童心社、1999

『せとうちたいこさん ふじさんのぼりタイ』
長野ヒデ子
童心社、2020

⑹文字なし絵本

言葉がなく、絵だけでストーリーを展開させている絵本です。

『旅の絵本』
安野 光雅
福音館書店、1977

『ジャーニー 女の子とまほうのマーカー』
アーロン・ベッカー
講談社、2013

③認識絵本・生活絵本

認識絵本は、身の回りや社会の事象について、わかりやすく伝える絵本です。生活絵本は、基本的生活習慣をはじめとした日常生活のあれこれについて伝える絵本です。

『**モノレールの たび**』　　　『**おててがでたよ**』
みねおみつ　　　　　　　　　林明子
福音館書店、2014　　　　　　福音館書店、1986

④科学絵本

　科学的なテーマを扱った絵本です。「認識絵本・生活絵本」の中の
一ジャンルとすることもあります。

『**かなへび**』
竹中践 著
石森愛彦 イラスト　　　　　　『**富士山大ばくはつ**』
福音館書店、2015　　　　　　かこさとし
　　　　　　　　　　　　　　小峰書店、1999

② 絵本の特性と絵の構成要素

1. 絵本の特性

① 「めくる」ことによる展開

　絵本はページを次々と「めくる」ことによって内容が展開していきます。これは、ほかのどの児童文化財にもない絵本独特の特性です。優れた絵本は、この特性を上手に活用して物語を進行させています。わかりやすい例として、半世紀以上にわたって親しまれている赤ちゃん絵本の代表、『いないいないばあ』（松谷みよ子文、瀬川康男絵、童心社、1967）を見てみましょう。

『いないいないばあ』

　この作品は縦書きなので、左のページを右へめくることによって展開していきます。右ページには、「いない　いない　ばあ　くまちゃんが　ほらね　いない　いない……」とあり、左ページには熊が両手で顔を覆い隠した絵が載っています。

　ページをめくると、今度は右ページに熊が顔を出した絵が描かれています。文章は、「ばあ」。

　最初のページの、「いない　いない……」のところでじっくりと間を取っておき、素早くページをめくると同時に「ばあ」と言ってあげると、子どもたちは熊が自分に向かって「バァ」をしてくれたように思って大喜びする、という仕掛けです。

　「めくる」という動作によって、登場人物が生き生きと動き、物語が展開していきます。このあと詳しく学びますが、優れた絵本は、絵と言葉による表現上のさまざまな仕組みを、この「めくる」という動作にのせて効果的に展開させているのです。

②絵と言葉の協力

　多くの人は、「ある物語と、それを説明した絵を合体させたものが絵本である」と思っているようです。しかし、絵本の絵は単なる挿絵ではありませんし、文章の内容を視覚化しただけのものでもありません。

　しばしば児童文学と混同される絵本ですが、両者には明確な違いがあります。児童文学はあくまでも「文学」であり、絵がなくても成り立つ純粋な言語芸術です。一方、絵本は絵と言葉が協力し合って作品世界を構成しているため、絵がなければ成り立ちません。

　では、この絵と言葉が協力するとは、具体的にどのようなことなのでしょうか。ここでは、第5章でも参照した、レオ・レオニ、谷川俊太郎翻訳『スイミー　―ちいさなかしこいさかなのはなし』（好学社、1969）の「見開き3」を例にして確かめてみましょう。きょうだいたちがマグロに飲み込まれてしまった、その次の場面です。文章にはこのように書かれています。

> **スイミーは　およいだ、くらい　うみの　そこを。**
> **こわかった、さびしかった、とても　かなしかった。**

こちらが、その見開きですが、さて、この絵は上記の文章を視覚化したものなのでしょうか。

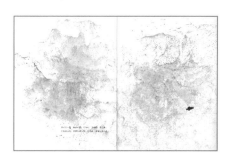

スイミーが暗褐色の画面の下のほうを泳いでいますから、「スイミーは　およいだ、くらい　うみの　そこを」を説明していることは確かです。

続く、「こわかった、さびしかった、とても　かなしかった」も絵から判断できますが、それだけではありません。この絵には、文章では表現しきれない深い思いが描き込まれています。

まず、画面全体がもやもやとした暗褐色で覆われています。これは一点限りの作品しかできないモノタイプという版画の技法によるものですが、この色はスイミーの心の色でしょうし、激しく分散して実態の掴めない形は、茫然としているスイミーの心の動揺そのものです。

その暗褐色の画面の中に、スイミーが1匹だけ、小さくポツンと描かれています。海の広大さとともに、自分一人しかいない恐怖感や孤独感が伝わってきます。しかも、スイミーがいるのは画面の下方。いえ、スイミーだけではありません、添えられた文章も画面の一番下です。これは心が沈んでしまったスイミーの悲しみの深さを示しているのでしょう。

ところが、この絵にはあれほどの悲劇に遭っても決して絶望することのない、強い心も描かれているのです。

悲しみに打ちひしがれて倒れるどころか、スイミーは画面の右端に

いて右を向いています。右は、次のページが出てくる向き、つまり未来です。しかも、明らかに上を向いています。スイミーは、恐怖や孤独、悲しみを感じつつも、勇気を振り絞って未来へ進もうとしているのです。

　文章には、「こわかった、さびしかった、とても　かなしかった」としか書いてありません。それだけに、まったく方向性の違うスイミーの勇気が際立ってきます。この絵を見た読者は、スイミーの深い悲しみを理解しつつも、それでも頑張って未来へ進もうとする健気な姿に気づき、共感を覚えるのです。

　絵と言葉が協力する、とはこのようなことであり、ここに、絵本と児童文学との決定的な違いがあります。[★2]

　第5章で「絵本に書いてある内容を覚えて『おはなし』に使うことは不適切」であると学びましたが、その理由もまさにここにあります。絵を見せないでお話だけ語ったのでは、スイミーの悲しみの深さや前へ進もうとする心の強さが伝わらないのです。

2．絵の構成要素

　絵本は、絵と言葉が協力し合って作品世界を構成する表現媒体ですが、言葉よりも絵のほうがより饒舌に語っているという例が多々あります。

　絵本の絵を成り立たせている要素には、色、向き、位置、形、明暗、大きさ、線、表情、リズム、タッチ、テクスチャー、視点などさまざまなものがあり、それらは、絵を読む（解釈する）ときの重要な手がかりになります。

　ここでは最も基本的な要素である色、向き、位置の働きについて確かめてみましょう。

★2　児童文学を広い概念で捉え、絵本も児童文学に含めることがある。

①色

　色には色味を表す「色相」、色の明るさを表す「明度」、色の鮮やかさを表す「彩度」の３つの要素がありますが、いずれも絵を読み解く糸口になります。『スイミー』の見開き１を見てみましょう。次のような文章が添えられています。

> ひろい　うみの　どこかに、ちいさな　さかなの　きょうだいたちが、たのしく　くらしてた。
> みんな　あかいのに、一ぴきだけは　からすがいよりも　まっくろ、でも　およぐのは　だれよりも　はやかった。
> なまえは　スイミー。

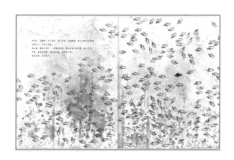

　文章には作品世界についての直接的な説明はありませんが、この絵を一見しただけで、愉快で平和的な雰囲気が伝わってきます。なぜでしょうか。

　土台となっているのは、下方の明るい緑です。緑は、「心理的安静をもたらす色[3]」であり、「見る人を力強く元気に」し、「生命力と成長する野生のエネルギー[4]」を表す色だといわれています。

　画面の右側上部は明るい青となっていますが、対称の位置である左側上部はなぜか赤みがかっています。この赤が何を表しているのかは

★3　岩井寛『色と形の深層心理』日本放送出版協会、1986年、90頁
★4　内田広由紀『巨匠に学ぶ配色の基本』視覚デザイン研究所、2009年、45頁

不明ですが、ここに赤を配したことは画面の構成上非常に有効だった
と考えられます。ご存知のように、赤 (Red)、緑 (Green)、青 (Blue)
の RGB 3 色は光の三原色です。すべての色の基となる 3 色をバラン
スよく配置したことで、画面全体が安定したものになっています。ス
イミーたちが住んでいる世界は、明るくて調和とバランスの保たれた
平和な世界なのです。この絵は、それを見事に表現しています。

　続く見開き 2 は、一転して画面全体が寒色の濃い青で覆われ、マグ
ロの巨体が黒褐色で描かれています。黒色は、「底知れぬ力」や「完
全な閉鎖」を表すといわれています。[5]

　実は、本物のマグロは背中側こそ青褐色ですが全体的に美しい白銀
色をしており、決してこの絵のような色ではありません。濃い青も黒
褐色も、この場面の冷たさ、暗さ、恐ろしさを描くために使われてい
るのです。

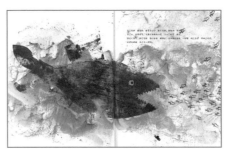

②向き

　横書きの文字を読むとき、私たちの視線は左から右へと移動します。
絵本の絵も、その視線の動きに合わせてあります。登場人物は通常、
読者から見て右を向き右へと進んでいくのです。反対に、縦書きの絵
本の場合、登場人物は左を向き左へと進んでいきます。

　今度は、『アレクサンダとぜんまいねずみ ―ともだちをみつけたね
ずみのはなし』（レオ・レオニ著、谷川俊太郎翻訳、好学社、1975）
で確かめてみましょう。

★5　内田広由紀『巨匠に学ぶ配色の基本』視覚デザイン研究所、2009 年、63 頁

　扉絵では、主人公のねずみ（アレクサンダ）が、読者から見て右を向き、右へと向かっています。壁に開いた巣穴から出てきて、何か食糧でも探しに行くところなのでしょう。読者の期待感を高揚させずにはおかない巧妙な扉です。ところが、この絵本はいきなりハプニングで始まります。

　見開き1を開くと、次のような文章が添えられています。

「たすけて！　たすけて！　ねずみよ！」ひめいが　あがった。つぎには　がしゃん　がらがらと　おおきな　おと。ちゃわん、おさら、スプーンが、しほうはっぽうに　とびちった。
アレクサンダは、ちっちゃな　あしの　だせるかぎりの　スピードで、あなに　むかって　はしった。

　どうやら家主に見つかって追いかけられているようで、アレクサンダが画面の左方向へ逃げています。

　このように、横書きの絵本の場合、登場人物は何事もなく順調なとき、読者から見て右を向いて右へと進み、何か困ったことが起きた時などには左を向くのが普通です。これは絵本の基本的な約束事となっています。

③位置

　「絵と言葉の協力」のところでも触れましたが、登場人物が絵の中のどこに描かれているかも表現上の大切な要素です。先の「扉」に描かれたアレクサンダの位置を見てみましょう。画面の右端、中くらいの高さに描かれています。高さが中くらいということは、特別な問題のない普通の状態なのでしょうし、右端にいるということは、その先にある世界へ行こうとする気持ちがあることを示しています。また、主人公が右端にいると、主人公に寄り添う読者もその先を早く見たいと思うものです。つまりこの絵は、読者が思わずページをめくりたくなる仕掛け（ページターナー）にもなっているのです。

　「見開き1」はどうでしょうか。アレクサンダは画面の一番左の一番下、しかも左下に向かって描かれています。何か困ったことが起きただけでなく、気持ちの上でも最もネガティブな状態です。上から襲ってきた食器は「断ち落とし」によって大きさが強調されており、人間世界の象徴と考えられます。アレクサンダは人間世界には居場所のない、拒絶されてしまう存在なのです。

　「見開き3」を見てみましょう。これは、「うちじゅうが　るすのとき」ですから、アレクサンダは安心して部屋の中ほどに出てきています。ここで彼はゼンマイ仕掛けのネズミを見つけ「きみ　だれ？」と問いかけるのですが、2人の位置関係は、そのまま2人の心を見事に描き出しています。

　縫いぐるみの陰で伏し目がちにして距離を保っているぜんまいねずみに対して、アレクサンダは心持ち顎を上げ、グッと相手を注視して画面の真ん中へ近づいてきています。ポジティブで興味津々なのです。

　以上、絵を構成する基本的な要素である色、向き、位置の働きについて確かめてきました。

　なお、絵本を読むとき、大人は主として文章から内容を理解しようとしますが、これまで確認してきたとおり、絵本の内容を理解するためには、絵が発する情報を能動的に受け止めること、すなわち「絵を読む」ことが欠かせません。そして、この「絵を読む」ことに関して、子どもたちは大人よりも遥かに柔軟で鋭い感性をもっているものです。

演習課題 ❼

① 絵本の基礎知識

■「絵本とは何か」について辞書で調べ、本書における定義、「絵（イラストレーション）と言葉（テクスト）が協力し合って作品世界を構成する表現媒体」との違いについて考察しましょう。

② 絵本の特性と絵の構成要素

■絵本の特性について、ノートにまとめましょう。

アクティビティ ❼

① 絵本の基礎知識

　グループで協力してたくさんの絵本を持ち寄り、ジャンル分けしてみましょう。

② 絵本の特性と絵の構成要素

　各自が絵本を持参し、登場人物の進行方向を確かめてみましょう。隣同士、あるいはグループで、どのような場面でどちらを向いているかを説明し合いましょう。

児童文化財④〔絵本と子ども〕

この章で学ぶこと・・・

● 効果的な「絵本の読み聞かせ」方法を身につけよう。

● 絵本の中に描かれた子どもについて考えよう。

1 絵本の読み聞かせ

1.「読み聞かせ」の意義

「読み聞かせ」と聞くと、大勢の子どもたちを前にして絵を見せながら読む、対面式の読み聞かせを思い浮かべる人が多いようです。しかし、絵本というものは本来1人で楽しむためのもので、対面式の読み聞かせ用に作られているわけではありません。

保育における読み聞かせは、まだ自分で読書ができない子どものために大人が代わって読む、というのがそもそもの趣旨です。対面式の読み聞かせは、多人数の子どもを担当しなければならない現状[1]に対応するため余儀なく行われていますが、大人と子どもとの信頼関係を深めるためにも、お膝に抱っこしたり脇に座らせたりして一緒に読むのが自然で望ましい形です。

対面式の読み聞かせは、絵本本来の読み方ではない不自然な使われ方ですから、当然、「対面式の正しい読み聞かせ方法」など、あろうはずがありません。そのためか、「絵本は、保育者の個性に応じて好き

★1 「児童福祉施設の設備及び運営に関する基準」によると、4、5歳児クラスの場合、1人の保育者が最大30名の子どもを担当することになる。

なように読めばいい」というまことしやかな声を聞くこともあります。しかしながら、読み聞かせは子どものために行うものですから、絵本を楽しむ主体は当然、子どもでなければなりません。保育者が楽しむことも大切ですが、やはり、子どもたちが絵本の世界を楽しみ、心地よく、充実感に満たされた状態になるための効果的な読み聞かせ方法を真っ先に工夫すべきです。

「読み聞かせ」という言葉は、1960年代末、子どもの読書推進を目指した市民活動の中で広まった造語だと考えられていますが[★2]、当初の意図はともかく、「読んで」「聞かせるもの」という誤解を生じかねない尊大な響きを含んでいるため、近年、専門家はこの言葉をあまり使っていません。「読み語り」、「読み合い」、「開き読み」という言葉に置き換えることが多いようです。

本書では混乱を招かないように一般的な呼称を使用していますが、絵本は本来「聞かせる」ものではなく、ともに楽しむものであることを忘れないようにしましょう。大人の自己満足ではなく、子どもたちのために発せられた声と費やされた時間は、何ものにも代えがたい心地よい経験として、子どもたちの心に蓄積されていくものです[★3]。

2. 持ち方のポイント

対面式の読み聞かせについて、最適な方法を確かめてみましょう。持ち方のポイントは次の3つです。

①のどの辺りを下からしっかりと持つ

のどの下部は、絵本を開いて立てたときの重心です。この辺りを持つと一番軽く感じます。腕に余計な負担がかからず、長時間安定して持つことができます。

★2　櫻井美紀「日本と海外、公教育の語りの授業」『口承文藝研究』(28)、2005年、97頁
★3　筆者がいろいろな人に、幼少時に読み聞かせをしてもらった経験を聞いてみると、懐かしくて温かで大切なイメージとして記憶している人が多い。

②垂直か、やや前に傾けて立てる

はじめのうちは絵本を垂直に立てていたのに、だんだん後ろに傾いていってしまう人がいます。こうなると床に座った子どもたちからはよく見えません。これは読むのに精一杯な人の典型的な癖で、明らかな練習不足です。十分な下読みをするとともに、絵本をやや前に傾けるくらいの気持ちで持ちましょう。

③動かさない

両端の子どもたちにもよく見せようとして、絵本を右から左へ、左から右へとしきりに動かす人がいますが、目で追っていく子どもたちは非常に疲れます。ときには平衡感覚が麻痺して気分が悪くなることさえあります。両端の子どもたちから見えにくいのは、そもそも並ばせ方の失敗です。よく見えるかどうか、最初にしっかり確認すべきです。

また、自分ではなかなか気づかないものですが、絵本が水平ではなく、左右どちらかに傾いていることがよくあります。常に同じ角度で傾いているだけならまだいいのですが、ページをめくるたびに激しく揺れると、子どもたちの集中も途切れてしまいます。

絵本は動かさないのが原則です。そのためには、脇をしっかりとしめて安定させましょう。鏡を見るなどして自分の読み聞かせ姿勢を確かめるのも良い練習方法です。

3．めくり方のポイント

読み聞かせの際は、子どもの集中を途切れさせないように、「なるべく絵を隠さずスムーズにめくる」ことがポイントです。どうすれば、そのようなめくり方ができるでしょうか。

横書きの絵本を使って調べてみましょう。絵本ののどを右手で体の右側に持ち、左手でページをめくってみます。手前のページを 1 枚取って少し浮かせれば、あとはわずかな手の動きで向こう側へめくることができます。

　左手で持ったらどうでしょうか。大抵の人は、ページをめくるとき
に向こう側（左側）の一番遠い所をつかみ、こちら側へ持ってこなけ
ればなりません。小さな絵本なら問題ありませんが、少し大きな絵本
になりますと、腕をいっぱいに伸ばすことになり、どうしても右腕で
絵を隠してしまいます。わずかな違いですが、保育者がページをめく
るたびに腕が絵の前を通り過ぎるのは、子どもたちにとっては目障り
です。この場合、右手で持ったほうが子どもたちからは見やすいとい
うことになります。

　実は、横書きの絵本は右手で、縦書きの絵本は左手で持つのがよい
という理論があり、現場の保育者でも、横書きと縦書きとで持ち手を
変えている方がいます。確かに、子どもたちからの見やすさを考える
と、この理論には一定の合理性があります。

　ただし、上記の理論は、左右の手の器用さが同じなら、という前提条
件がありますし、この理屈に当てはまらない人がいるのも事実です。ま
た、この理論とは逆に、横書きの絵本は左手で持つべきとする説もあり
ます。登場人物の進む先（子どもたちから見て右方向）に読み手がいる
と子どもの集中の邪魔になるというのが根拠ですが、それでは極論する
と保育者が対面する必要はなく、黒衣に徹したほうがよいことになって
しまいます。「読み聞かせ」は声だけの一方通行ではありません。子ど
もたちは絵本の絵だけではなく、視界の片隅にいる保育者の姿や表情も
確かめつつ、安心感の中で楽しんでいることを忘れてはなりません。

　そのようなわけで、縦書きと横書きとで持ち手を変えられるならそ
れに越したことはありませんが、要は絵を隠さないようにめくればよ
いのですから、どちらの手で持つべきかにこだわるのはあまり意味が
あることではないでしょう。無理をしてスムーズにめくれなかったり、
本がグラついたりしてしまっては、本末転倒です。

　絵本は持ちやすいほうの手で持ち、動かさずにしっかりと安定させ、
なるべく絵を隠さないようにめくることを心がけましょう。熟練する

に従い、新たな気づきや願いを加味して、自分らしいスタイルを確立していけばよいのです。

[図表8-1-1] **絵本の持ち方**

横書きの絵本を右手で持った場合（わずかな手の動きでめくることができる）

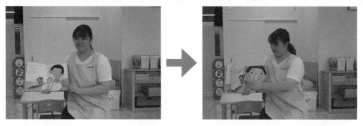

横書きの絵本を左手で持った場合（腕で絵を隠してしまいやすい）

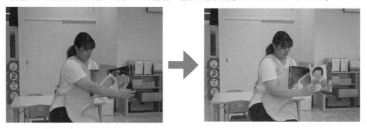

4．読み聞かせのポイント

①表紙の扱い方

　表紙は、導入のお話などを交えながらじっくりと見せます。絵本の表紙には、子どもたちに興味を抱かせるとともに、内容を予告するような絵が描かれていることが多いのです。

　長谷川義史『じゃがいもポテトくん』（小学館、2010）を例にして考えてみましょう。いびつな形のジャガイモが読者を見つめ、嬉しそうに何かを語りかけています。思わず手にしたくなるような訴求力です。

　ここはぜひ、導入のお話なども交えながらじっくりと見せ、期待感を高めましょう。始めるときには題名を知らせ、「はじまり」を宣言します。

長谷川義史
『じゃがいも
ポテトくん』
小学館、2010

②見返しの扱い方

　見返しも十分な時間を取り、じっくりと見せます。ここには文字が
何も書かれていないため、さっと通り過ぎてしまう人が多いのですが、
大変もったいない使い方です。

　『じゃがいもポテトくん』の見返しを見てみましょう。茶色の背景
の中に32個のジャガイモが描かれており、それぞれが個性的な表情
をしています。「表紙でこっちを見ていたジャガイモ君はどこにいる
のかな」などと探す子も出てくることでしょう。

　見返しには、本文の伏線ともいえる、内容を暗示するような図案や
色が使われていることが多く、これから始まる読み聞かせを一層楽し
く奥深いものにする効果があるのです。

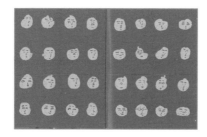

③扉の扱い方

　題名が書いてあるだけなので、ここもさっと通り過ぎてしまう人が
多いのですが、「扉」という名のとおり、ここが絵本の本当の入り口

です。見返しと同じように、暗示的な絵を載せるなど、これから始まるお話への期待感を高揚させるような工夫がなされています。ここもきちんと見せ、『じゃがいもポテトくん』と正式に題名を読み上げましょう。

④声の調子

　1人で練習しているときにはよく響く声も、多数の子どもたちを前にすると吸音されてしまい、聞き取りにくくなるものです。読み聞かせをするときには、後ろのほうの子どもたちにもよく聞こえるように、十分大きな声を出しましょう。

　ただし、先述した通り、読み聞かせは、まだ自分で読書できない子どものために大人が代わって読むもの、というのがそもそもの趣旨です。「おはなし」と同様、読み聞かせは保育者の自己表現の場ではありません。本を読む主体は保育者ではなくて子どもたち自身です。したがって、個々人の解釈を主張する朗読のような読み方ではなく、子どもの想像世界を邪魔しない抑制的な読み方をすべきです。

　とはいえ、適度の感情表現は必要です。これも繰り返しになりますが、大げさな声色を使う必要はないものの、登場人物の違いがわからないようでは困りますし、抑制的すぎて、怒っているのか喜んでいるのかわからないのも困ります。特に1歳児、2歳児など小さな子どもに対しては、少し大げさなくらいの感情表現をしたほうが伝わりやすいでしょう。

　また、物語絵本の場合、読み聞かせの途中では、余計な説明を加えないのが普通です。途中で子どもたちから質問が出ないように、難しい言葉はあらかじめ説明しておき、途中でわからないことが生じたら終了後に質問する、などのルールを決めておく必要があるでしょう。

　しかしながら、小さな子どもの場合、絵とお話との対応に気づかなかったり理解できなかったりすることも多く、適度の説明を加えながら読み進めることが必要になってきます。

　いずれにしても、適切な声の大きさや感情の込め方、説明の加え方は、子どもたちの様子や保育者のスキルによって大きく違ってくるため一概には決められません。繰り返し経験を積み、臨機応変に対応できるようにしてください。

⑤終わり方

　最初に始まりを宣言したように、最後には「おしまい」と終了を宣言します。虚構の世界はここまでですよ、と知らせ、子どもたちを現実の世界に連れ戻す必要があるのです。

　終了を宣言したら、静かに本を閉じて裏表紙を見せます。裏表紙には、その後の結果を知らせたり余韻を残したりする工夫がされていることが多いので、ここもじっくりと見せてあげましょう。また、表表紙と裏表紙で1枚の絵になっている絵本は、ここで広げて紹介するとよいでしょう。

　『じゃがいもポテトくん』の場合、最後の見開きには、「みんな じゃがいもが だいすきなんですね」との文が添えられています。しかし、子どもたちはジャガイモの家族たちの行く末を心配していることでしょう。

　そこで裏表紙を見ると、家族そろって農場にいる様子が描かれています。これは時間的に矛盾する光景なのですが、あえて載せたのは、余韻をもたせるためか、あるいは、子どもたちを安心させたいという作者の優しさなのかもしれません。

　第5章第2節2.②(4)で学んだとおり、子どもたちには、余韻をじっくりと味わい内面化する時間が必要です。言いようのない感動の中で、主人公の喜びや悲しみ、智慧や勇気を反芻しながら自分のものとしていくのですから、ある意味、余韻こそ最も大切な時間だといえるでしょう。読み終わった途端に次の行動を促したり、拍手やお礼を強要したりするのはもってのほかですし、説教や教訓を垂れるなどは論外です。くれぐれも余韻を大切にしてください。

② 絵本に描かれた子ども

　近年の日本は、毎年1,000作品以上が新規に刊行されているほど絵本の出版が盛んです。[★4]どの作家も出版社も、よりよい作品を世に出そうと努力していることは間違いありません。しかし、これだけ数が多いと、心から共感できる優れた作品がある一方で、思わず首をかしげたくなる残念な作品があることも事実です。

　保育者は、優れた絵本を見分ける目をもつことが大切です。もちろん、作品の良し悪しを判断する際には、自分なりの印象など主観的な要素を大切にすべきですが、やはりロングセラーとなっている名作には一通り目を通し、なぜ人気があるのかを理解しておく必要があるで

★4　『出版指標年報　2009』全国出版協会出版科学研究所、151頁

しょう。

　優れた絵本は、登場人物のさまざまな心情を上手に表現しています。特に子どもたちに支持され人気のあるベストセラー作品には、主人公の喜びや楽しさ、悲しみや願いなどが生き生きと描かれています。読者である子どもたちは、主人公に寄り添い、共感せずにはいられません。いつしか絵本の中で主人公に同化してさまざまな体験をしつつともに成長していくのです。

　たとえば、1976年の発表以来、長年読み継がれてきた『はじめてのおつかい』（筒井頼子作、林明子絵、福音館書店）を見てみましょう。

　主人公のみいちゃんは、5歳の女の子。忙しいお母さんに牛乳を買ってくるようお使いを頼まれます。苦労してやっと店に着いたものの、気おされてなかなか声を出せず、買うことができません。勇気を振り絞ってやっと大きな声を出し、無事に買って帰ることができた、というような粗筋です。

　この絵本は、主人公に何らかの使命が与えられ、旅に出て使命を果たして帰還するという、いわゆる「ゆきて帰りし物語」[★5]となっています。読者としての子どもたちは、お使いの途中でさまざまな試練に遭い、勇気を奮って乗り越えようとするみいちゃんに共感し、生きる勇気や希望を得て読み終えることができるのです。

　まず、〔見開き1〕について、登場人物の姿を中心に読み解いてみま

★5　児童文学の名作、J. R. R. トールキン『ホビットの冒険』の作中に出てくる本の題名に由来する。世界中の神話や民話にも共通の物語構造が見られる。

しょう。

〔見開き1〕

　慌ただしい家庭のダイニングキッチンの様子です。掃除機が投げ出してあり、台所のシンクには洗いかけの食器が重なり、買ってきた野菜も床に置いたままになっています。ガスコンロは最大火力になったままで、鍋も薬缶も激しく沸騰しています。その上、赤ちゃんが泣き出してしまい、お母さんは大忙し。それでもお母さんは余裕の笑顔を見せて、みいちゃんにお使いを頼んでいます。きっと細かなことにこだわらない寛容な性格で、大らかな子育てをしているのでしょう。

　みいちゃんはどうでしょうか。案に違わず、伸び伸びと育っているようです。絵本やクレヨンを散らかしたまま、お絵かきをしています。手元の絵や壁に飾ってある絵の思い切りのよさ、イスやテーブルクロスの乱れ方を見ても、落ち着いて過ごすタイプというより、次から次へと興味の対象が移り変わる、エネルギッシュで活発な子どもであることが窺われます。

　文章を読んでみましょう。

　　あるひ、ままが　いいました。
　「みいちゃん、ひとりで　おつかい　できるかしら」
　「ひとりで！」

　このお母さん、子どもの扱いがとても上手です。「行ってきてほしい」
ではなく、「できるかしら」と聞いています。もちろん、わが子の発
達状況を理解していて、それくらいの冒険をさせてもいいだろうと見
極めての声掛けでしょう。元気のよいみいちゃんの自負心をくすぐる
ような言い方です。1人で出かけたことのないみいちゃんが躊躇する
間もなく、お母さんは畳みかけるように続けます。

> 「あかちゃんの　ぎゅうにゅうがほしいんだけど、まま　ちょっと
> いそがしいの。ひとりで　かってこられる？」

　もちろん、「ひとりで　かってこられる？」の言葉の裏には、買って
きてほしいという気持ちが込められているわけですが、お母さんはど
こまでもみいちゃん自身の意思を尊重する形を取って、成長を促して
います。大好きなお母さんや赤ちゃんのためのお使いであると聞き、
俄然みいちゃんのお姉さん心が高揚し、一人旅の不安を吹き飛ばしま
す。
　「うん！　みいちゃん、もう　いつつだもん」という元気な返事に
は、「もうお姉さんなんだから大丈夫」という力強い自覚が込められ
ているようです。
　〔見開き11〕はどうでしょうか。

〔見開き11〕

筒井商店に着いたみいちゃんが、牛乳を買おうとしている場面です。

店頭には、タバコ、パン、牛乳、お菓子などが並んでいて、一体何屋さんなのかわかりませんが、昔はこのようなお店がよくありました。店内は一部雑然としているものの、ショーケースの中まできれいに整頓されています。清潔感を大切にしているお店のようです。店員の「おばさん」は青を基調とした落ち着いた色の服に真っ白いエプロンをつけ、手をポケットに入れ足を内股気味にしてほほ笑んでいます。淑やかで控え目で誠実そうな人柄が偲ばれます。

　ところが、みいちゃんが「あのう」と言った途端、みいちゃんを押しのけるようにして、「ふとった　おばさん」が立ちはだかってしまいました。おばさんは、みいちゃんの横からお店の中へぐっと体を乗り出し、真っ赤ながま口を手にしたまま店員さんを指差して何やらまくし立てています。太陽のように黄色ずくめの服を着ているというだけでも十分目立つのに、ほんのわずかですが頭頂部の断ち落としでその大きさが強調されていますから桁外れの存在感です。自分のことを中心に喧しく自己主張するタイプの人なのでしょう。

　みいちゃんはといえば、画面の一番左側にいて、おばさんの横に小さく描かれています。絵本の進行方向である右へ向かいたいのに、体は後ろへのけぞりつつ正面を向いており、目だけが恨めしそうに右を見ています。しかも右手は拳を作り、左手はスカートの端をグッと握りしめています。買いたくても買えないもどかしさ、こみ上げる思いを必死に堪えているようです。

　以上、2つの見開きについて解釈してみました。すぐれた作品が、登場人物をどのように描いているのか、そして子どもたちの心にいかにして寄り添おうとしているのか、ぜひほかの見開きやほかの作品についても確かめてみてください。

　なお、上記の解釈はあくまで筆者独自のものであり、一例にすぎません。作品の解釈は読者によってさまざまです。ロングセラーだからといって誰の心にも同じように響くわけではなく、多様な受け止め方

があって当然です。もちろん、勝手な思いつきで解釈してよいわけではなく、しかるべき根拠が必要ですが、絵（イラストレーション）と言葉（テクスト）の協力によって構成された虚構の世界に、定まった正解などはあり得ません。

　作品は読者の手に渡った瞬間から読者のものであり、その解釈と鑑賞もすべて読者に委ねられます。大切なのは、「保育者として、自分はこの作品をどのように解釈するのか」ということです。自分なりの解釈を措定することで作品のテーマが浮かび上がり、より深い子ども理解と鑑賞が可能となるのです。

演習課題 ❽

① 絵本の読み聞かせ

■絵本の持ち方のポイントをノートにまとめましょう。

② 絵本に描かれた子ども

■子どもが登場する絵本を 1 冊選びます。場面の展開とともに変化する子どもの
心を追ってみましょう。

アクティビティ ❽

① 絵本の読み聞かせ

　隣同士でペアになります。少し大きめの絵本を用意し、持ち手を右、左と変えることによって、見やすさ、めくりやすさがどのように違うか、確かめ合いましょう。

② 絵本に描かれた子ども

　『はじめてのおつかい』のその他の見開きについて、詳しい読み取りをして、発表し合ってみましょう（他のロングセラー作品でも構いません）。

第2部
言葉指導法

領域「言葉」とは

この章で学ぶこと・・・

● 人格形成の大切さと領域の考え方を理解しよう。

● 領域「言葉」の「ねらい」と「内容」を理解しよう。

学びのキーワード

人格形成の基礎　生きる力

幼児期の終わりまでに育ってほしい姿　教育的な視点

1　領域の考え方と言葉の育ち

1．生涯にわたる人格形成の基礎

　保育者は目の前にいる子どもたちを見つめるとともに、常に「人格の完成」という究極の目的を見据えていなければなりません。

　2017（平成 29）年に告示された「幼稚園教育要領」の第 1 章第 1「幼稚園教育の基本」には次のように記されています（傍線は筆者による。以下同様）。

> 幼児期の教育は、生涯にわたる人格形成の基礎を培う重要なものであり、幼稚園教育は、学校教育法に規定する目的及び目標を達成するため、幼児期の特性を踏まえ、環境を通して行うものであることを基本とする。

　「幼稚園教育要領」は、「学校教育法」および「学校教育法施行規則」を直接の根拠として制定されていますが、この「人格形成の基礎」は、上位の法である「教育基本法」（文部科学省）における「教育の目的」を踏まえた言葉であることはいうまでもありません。

　一方、「保育所保育指針」の第 1 章 1 (2)「保育の目標」には次のよ

うに記されています。

> 保育所は、子どもが<u>生涯</u>にわたる<u>人間形成</u>にとって極めて重要な時期に、その生活時間の大半を過ごす場である。このため、保育所の保育は、子どもが現在を最も良く生き、望ましい未来をつくり出す力の基礎を培うために、次の目標を目指して行わなければならない。

「保育所保育指針」は、「児童福祉法」に基づいて制定されていますが、その第1条には、「全て児童は、<u>児童の権利に関する条約</u>の精神にのっとり、適切に養育されること」などが示されています。そこで、「児童の権利に関する条約」を見てみますと、その前文に、「この条約の締約国は、〈中略〉児童が、その<u>人格の完全なかつ調和のとれた発達</u>のため、家庭環境の下で幸福、愛情及び理解のある雰囲気の中で成長すべきであることを認め、〈中略〉次のとおり協定した」とあります。

ここでいう「人格の完全なかつ調和のとれた発達」とは、「教育基本法」が「教育の目的」で謳っている「人格の完成」にほかなりません[★1]。つまり、幼稚園も保育所も、学校と児童福祉施設という違いはあっても、人間形成を目指す大きな流れの中に位置づけられているのです。

2．人格形成の基礎とは

①生きる力と知・徳・体

ところで、「幼稚園教育要領」に謳われている「人格形成の基礎」とは、具体的に何を意味しているのでしょう。

みなさんは、「知育・徳育・体育」という言葉を聞いたことがありませんか。知育は確かな学力の育成、徳育は豊かな心の育成、体育は

★1　「教育は、人格の完成を目指し、平和で民主的な国家及び社会の形成者として必要な資質を備えた心身ともに健康な国民の育成を期して行われなければならない」（「教育基本法」第1条（教育の目的））。

健康や体力の育成を示し、これら 3 つをバランスよく育成することが大切だという考え方です。

　この言葉は、イギリスの哲学者、ハーバート・スペンサー（1820–1903）の教育論がもとになっており、明治時代から盛んに使われてきました。実は、この考え方が今でも形を変えて学校教育の基本的な理念として位置づけられているのです。

　小学校・中学校・高等学校の「学習指導要領」は、日本中の学校が一定の教育水準を保てるように、各教科の目標や内容などの基準を文部科学省が定めたものですが、その理念は「生きる力」を育むことであるとされています。「生きる力」を育むことによって、「教育基本法」が掲げる教育の目的を実現しようとしているのです。

　「学習指導要領」はおよそ 10 年ごとに改訂されていますが、平成 10 年に初めて明示されて以来、「生きる力」は、二度の改訂を経て平成 29 年告示の「幼稚園教育要領」にも継承されています。

　「理念」とは、根本的な考え方のことですから、これほど大切なものはありません。では、「生きる力」とは具体的に何を指しているのでしょうか。保護者に配付されたリーフレット『すぐにわかる新しい学習指導要領のポイント』（文部科学省、2011 年、4 頁）には、

　学習指導要領の理念は「生きる力」、それは、知・徳・体のバランスのとれた力のことです

と記されています。

　つまり、「生きる力」とは、知育・徳育・体育の結果として得られる力をわかりやすく一言で言い換えた言葉なのです。

②幼児期の終わりまでに育ってほしい姿

　保育の世界では、知育・徳育・体育をもう少し具体的にとらえています。「幼稚園教育要領」の第 1 章第 2 「幼稚園教育において育みたい資質・能力及び『幼児期の終わりまでに育ってほしい姿』」を見て

みましょう。

> 幼稚園においては、生きる力の基礎を育むため、この章の第1に
> 示す幼稚園教育の基本を踏まえ、次に掲げる資質・能力を一体的
> に育むよう努めるものとする。

　この「次に掲げる資質・能力」とは、
①「知識及び技能の基礎」
②「思考力、判断力、表現力等の基礎」
③「学びに向かう力、人間性等」
で、いわゆる「学力の3要素」の基礎ということになりますが、すぐ
そのあとに、この3つは「第2章に示すねらい及び内容に基づく活動
全体によって育むものである」と続いています。「第2章に示すねら
い及び内容」とは、5つの領域、すなわち「健康」「人間関係」「環境」
「言葉」「表現」におけるねらい及び内容のことです。

　大変まわりくどい条文ですが、その意味するところは、「生きる力
の基礎を育むために、3つの資質・能力を5領域の活動全体によって
育てなさい」ということです。図示すると次のようになります。

[図表 9-1-1] **生きる力の基礎を育む資質・能力**

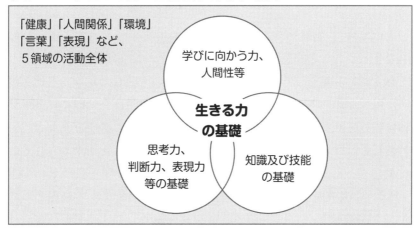

　上記の結果を具体的に示したのが、「幼児期の終わりまでに育って
ほしい姿」です。これは、(1) 健康な心と体 、(2) 自立心、(3) 協同性、
(4) 道徳性・規範意識の芽生え、(5) 社会生活との関わり、(6) 思考力
の芽生え、(7) 自然との関わり・生命尊重、(8) 数量や図形、標識や
文字などへの関心・感覚、(9) 言葉による伝え合い、(10) 豊かな感性
と表現、の 10 項目で構成されています。

　この「幼児期の終わりまでに育ってほしい姿」は、「第 2 章に示す
ねらい及び内容に基づく活動全体を通して資質・能力が育まれている
幼児の幼稚園修了時の具体的な姿」(「幼稚園教育要領」第 1 章第 2 の 3)
であると説明されていますから、これこそが「生きる力」が培われた
具体的な姿であり、「人格形成の基礎」が、育成された状態を意味し
ていることになります。

　領域「言葉」に近い項目 (9) を確認しておきましょう。

(9) 言葉による伝え合い
先生や友達と心を通わせる中で、絵本や物語などに親しみながら、
豊かな言葉や表現を身に付け、経験したことや考えたことなどを
言葉で伝えたり、相手の話を注意して聞いたりし、言葉による伝
え合いを楽しむようになる。

　ここでは、「先生や友達と心を通わせる」という文言が一番最初に
出てきていることが重要です。保育者や友だちとの信頼関係に基づく
安心感があるからこそ、言葉による伝え合いを楽しんだり、児童文化
財に親しんだりすることができるのです。保育者は、気軽に言葉を交
わすことのできる雰囲気や関係性を作りつつ、楽しさや喜びなど、子
どもたちの豊かな体験に向けた環境づくりをすることが求められてい
ます。

　なお、「保育所保育指針」の第 1 章 4 「幼児教育を行う施設として
共有すべき事項」にも、「育みたい資質・能力」や「幼児期の終わり

までに育ってほしい姿」など、「幼稚園教育要領」とほぼ同じ内容が示されています。

３．領域と教育的な視点

①領域とは何か

　保育の世界では、「健康」「人間関係」「環境」「言葉」「表現」の５つを「領域」と呼んでいます。よく勘違いしやすいのですが、「領域」は「教科」ではありません。

　たとえば、小学校には教科として「国語」の時間があり、文字や文法についての系統的な学習をしています。しかし、幼稚園や保育所には、「国語」に対応する「言葉」の時間はありません。領域とは一体何なのでしょうか。なぜ「領域」という考え方があるのでしょう。

　まず、「幼稚園教育要領」第２章「ねらい及び内容」の前文を見てみましょう。

> 各領域は、これらを幼児の発達の側面から、心身の健康に関する領域「健康」、人との関わりに関する領域「人間関係」、身近な環境との関わりに関する領域「環境」、言葉の獲得に関する領域「言葉」及び感性と表現に関する領域「表現」としてまとめ、示したものである。
>
> 〈中略〉
>
> 　各領域に示すねらいは、幼稚園における生活の全体を通じ、幼児が様々な体験を積み重ねる中で相互に関連をもちながら次第に達成に向かうものであること、内容は、幼児が環境に関わって展開する具体的な活動を通して総合的に指導されるものであることに留意しなければならない。

　次に「保育所保育指針」を見てみましょう。第２章「保育の内容」の前文に次のような記述があります。

> 本章では、保育士等が、「ねらい」及び「内容」を具体的に把握するため、主に教育に関わる側面からの視点を示しているが、実際の保育においては、養護と教育が一体となって展開されることに留意する必要がある。

②総合的に展開される領域

　上記の「幼稚園教育要領」にも「保育所保育指針」にも、非常に重要な柱が２つ述べられています。

　まず一つめの柱は、「具体的な活動を通して総合的に指導される」（幼稚園教育要領）あるいは、「養護と教育が一体となって展開される」（保育所保育指針）ということです。各領域は単独で成立するものではなく、相互に関連をもちながら総合的に展開されるべきものなのです。

　実際、子どもたちの能力は、領域別に発達するわけではありません。むしろ、ある学習によって特定の力だけが育つということのほうがまれでしょう。

　みなさん自身の体験を振り返ってみてください。たとえば「教科」としての国語の授業でも、伸びたのは国語の力だけではなかったはずです。新しい漢字に出合い、言葉を吸収することは国語としての知識の習得ですが、さまざまな教材文を読んで登場人物の心情に触れることは豊かな情操につながります。その感動を先生や友だちとやりとりすることで、人間関係も深まったことでしょう。元気よく発言するためには表現力が必要ですし、45分間姿勢よく座っていることは、忍耐力や体幹を鍛え、健康を増進することに役立ったかもしれません。

　幼児の遊びの現場はなおさらです。レストランごっこを例にとってみましょう。誰が何の役を担当するのか話し合う、部屋中を探し回って材料を集める、レストランを再現し飾りつけをする、もてなしたりもてなされたりする等々、すべての行為が相互に関連し合いながら、「健康」「人間関係」「環境」「言葉」「表現」という発達の側面に影響

を与え合っているのです。

③領域とは「教育的な視点」

　次に２つめの柱は、領域が、幼児の資質・能力などを「発達の側面から〈中略〉示したもの」（幼稚園教育要領）あるいは、「教育に関わる側面からの視点を示している」（保育所保育指針）ということです。つまり、領域は、幼児の発達をみるための教育的な視点・観点として示されているのです。

　たとえば、「元気に体を動かして遊んでいるだろうか」（健康）、「友だちと積極的に関わりながら、喜びや悲しみのやりとりをしているだろうか」（人間関係）、「身近な動植物に親しみをもって接しているだろうか」（環境）、「友だちの話を注意して聞き、また、相手にわかるように話しているだろうか」（言葉）、「生活の中でさまざまな音や色、触感や動きなどに気づき、楽しんでいるだろうか」（表現）等々、いくつもの観点から注意深く見ることによって、ただ「大きくなった」「成長した」だけではない、子どもの具体的な側面が見えてくるようになります。

　領域という名の５つの視点から見ることによって、どの面がどの程度成長しているのかがわかり、具体的な対応をとってバランスのよい成長を促すことができるようになるのです。

　領域は決して単独で成立するものではありません。相互に関連をもちながら、総合的に展開されています。領域とは、子どもたちの発達を確認し、環境を構成するための教育的な視点なのです。

④保育者の生き方が問われている

　ところで、子どもたちが接する保育環境の中で、最も影響力が大きいのは保育者です。保育者がどのような環境構成をしようとも、いかに子どもたちの主体的な遊びを尊重しようとも、子どもたちは保育者の存在から逃れることはできません。子どもたちの成長は保育者次第だといっても過言ではないでしょう。

　幼児期の教育は、「生涯にわたる人格形成の基礎を培う重要なもの」であり、「教育基本法」における教育の目的は「人格の完成を目指すこと」でした。当然のことながら、保育者は人間的な成長を目指す前向きな人であることが望まれます。

　自らの人格形成を目指していない保育者が、子どもたちの人格形成を目指すことは原理的に不可能です。果てしない道ですが、保育者は究極の理想に向かって歩み続ける開拓者でなければなりません。

② 領域「言葉」と保育の方法

1.「ねらい」と「内容」

　ここでは、「幼稚園教育要領」第２章にみられる領域「言葉」の「ねらい及び内容」について確認し、具体的な内容について学びましょう。

言葉
〔経験したことや考えたことなどを自分なりの言葉で表現し、相手の話す言葉を聞こうとする意欲や態度を育て、言葉に対する感覚や言葉で表現する力を養う。〕
１ ねらい
(1) 自分の気持ちを言葉で表現する楽しさを味わう。
(2) 人の言葉や話などをよく聞き、自分の経験したことや考えたことを話し、伝え合う喜びを味わう。
(3) 日常生活に必要な言葉が分かるようになるとともに、絵本や物語などに親しみ、言葉に対する感覚を豊かにし、先生や友達と心を通わせる。
２ 内容
(1) 先生や友達の言葉や話に興味や関心をもち、親しみをもって

　　聞いたり、話したりする。

(2)　したり、見たり、聞いたり、感じたり、考えたりなどしたことを自分なりに言葉で表現する。

(3)　したいこと、してほしいことを言葉で表現したり、分からないことを尋ねたりする。

(4)　人の話を注意して聞き、相手に分かるように話す。

(5)　生活の中で必要な言葉が分かり、使う。

(6)　親しみをもって日常の挨拶をする。

(7)　生活の中で言葉の楽しさや美しさに気付く。

(8)　いろいろな体験を通じてイメージや言葉を豊かにする。

(9)　絵本や物語などに親しみ、興味をもって聞き、想像をする楽しさを味わう。

(10)　日常生活の中で、文字などで伝える楽しさを味わう。

　最初にある、「経験したことや考えたことなどを自分なりの言葉で表現し、相手の話す言葉を聞こうとする意欲や態度を育て、言葉に対する感覚や言葉で表現する力を養う」は、領域「言葉」の目標です。

　そのあとの「ねらい」とは、「幼稚園教育において育みたい資質・能力を幼児の生活する姿から捉えたもの」（「幼稚園教育要領」第2章「ねらい及び内容」前文）であり、「内容」とは、「ねらいを達成するために指導する事項」（同上）です。

　「保育所保育指針」では、領域が示されているのは「1歳以上3歳未満児」と「3歳以上児」についてで、「ねらい及び内容」も少しずつ異なっています。

1歳以上3歳未満児の保育に関わるねらい及び内容
〔言葉〕
　経験したことや考えたことなどを自分なりの言葉で表現し、相

手の話す言葉を聞こうとする意欲や態度を育て、言葉に対する感覚や言葉で表現する力を養う。

（ア）ねらい

① 言葉遊びや言葉で表現する楽しさを感じる。

② 人の言葉や話などを聞き、自分でも思ったことを伝えようとする。

③ 絵本や物語等に親しむとともに、言葉のやり取りを通じて身近な人と気持ちを通わせる。

（イ）内容

① 保育士等の応答的な関わりや話しかけにより、自ら言葉を使おうとする。

② 生活に必要な簡単な言葉に気付き、聞き分ける。

③ 親しみをもって日常の挨拶に応じる。

④ 絵本や紙芝居を楽しみ、簡単な言葉を繰り返したり、模倣をしたりして遊ぶ。

⑤ 保育士等とごっこ遊びをする中で、言葉のやり取りを楽しむ。

⑥ 保育士等を仲立ちとして、生活や遊びの中で友達との言葉のやり取りを楽しむ。

⑦ 保育士等や友達の言葉や話に興味や関心をもって、聞いたり、話したりする。

　3歳以上児の保育に関するねらい及び内容

〔言葉〕

　経験したことや考えたことなどを自分なりの言葉で表現し、相手の話す言葉を聞こうとする意欲や態度を育て、言葉に対する感覚や言葉で表現する力を養う。

（ア）ねらい

① 自分の気持ちを言葉で表現する楽しさを味わう。

② 人の言葉や話などをよく聞き、自分の経験したことや考えたことを話し、伝え合う喜びを味わう。

③ 日常生活に必要な言葉が分かるようになるとともに、絵本や物語などに親しみ、言葉に対する感覚を豊かにし、保育士等や友達と心を通わせる。

（イ）内容

① 保育士等や友達の言葉や話に興味や関心をもち、親しみをもって聞いたり、話したりする。

② したり、見たり、聞いたり、感じたり、考えたりなどしたことを自分なりに言葉で表現する。

③ したいこと、してほしいことを言葉で表現したり、分からないことを尋ねたりする。

④ 人の話を注意して聞き、相手に分かるように話す。

⑤ 生活の中で必要な言葉が分かり、使う。

⑥ 親しみをもって日常の挨拶をする。

⑦ 生活の中で言葉の楽しさや美しさに気付く。

⑧ いろいろな体験を通じてイメージや言葉を豊かにする。

⑨ 絵本や物語などに親しみ、興味をもって聞き、想像をする楽しさを味わう。

⑩ 日常生活の中で、文字などで伝える楽しさを味わう。

「3歳以上児の保育に関するねらい及び内容」は「先生」が「保育士等」になり、「幼児」が「子ども」になっているという違いはありますが、①から⑥は主として話し言葉によるコミュニケーションに関係する内容で、領域「人間関係」にも関わる事項、⑦から⑨は言葉と心の豊かさに関係する事項、⑩は書き言葉によるコミュニケーションに関する事項で、「幼稚園教育要領」とまったく同じです。

　これは、小学校に入学したときに、幼稚園出身者と保育所出身者との間に、心情や意欲、態度に大きな差が出ないよう一定の水準を保つため、という現実的な理由もありますが、学校と児童福祉施設という違いはあっても、幼児期において育みたい資質・能力は共通しているのだということを意味しているといえるでしょう。

２．楽しさや喜びが基本

　領域「言葉」の「ねらい」を見てみますと、「楽しさを味わう」ことや「伝え合う喜びを味わう」こと、「心を通わせる」ことなど、言葉を使うことを通して感性に訴えかけ、心の通い合いや楽しさ、喜びを味わうことが主となっています。

　そのあとに示されている「内容の取扱い」は、言葉を育むための具体的な方策と留意事項です。こちらも確認しておきましょう。

（1）言葉は、身近な人に親しみをもって接し、自分の感情や意志などを伝え、それに相手が応答し、その言葉を聞くことを通して次第に獲得されていくものであることを考慮して、幼児が教師や他の幼児と関わることにより心を動かされるような体験をし、言葉を交わす喜びを味わえるようにすること。

（2）幼児が自分の思いを言葉で伝えるとともに、教師や他の幼児などの話を興味をもって注意して聞くことを通して次第に話を理解するようになっていき、言葉による伝え合いができるようにすること。

（3）絵本や物語などで、その内容と自分の経験とを結び付けたり、想像を巡らせたりするなど、楽しみを十分に味わうことによって、次第に豊かなイメージをもち、言葉に対する感覚が養われるようにすること。

（4）幼児が生活の中で、言葉の響きやリズム、新しい言葉や表現

などに触れ、これらを使う楽しさを味わえるようにすること。その際、絵本や物語に親しんだり、言葉遊びなどをしたりすることを通して、<u>言葉が豊かになるようにすること</u>。

(5) 幼児が日常生活の中で、文字などを使いながら思ったことや考えたことを伝える喜びや楽しさを味わい、<u>文字に対する興味や関心をもつようにする</u>こと。

下線で示したとおり、領域「言葉」では、言葉を使う楽しさや喜びを味わいつつ、言葉への興味や関心をもち、言葉が豊かになることを目指しています。

たとえば、みなさんが初めて英語を使ってコミュニケーションしたときのことを思い出してみてください。覚えたての単語1つでも、外国の方に通じたときはうれしかったのではないでしょうか。もっと勉強してたくさんしゃべりたいという意欲がわいたかもしれません。

同じように、まだ自分の思いを上手に表現することのできない子どもたちにとって、おぼつかない言葉や気持ちを相手に受け止めてもらえたときの喜びは、大変なものなのです。

そのうれしさや安心感、信頼感が次の伝え合いへの原動力となります。この繰り返しによって、言葉に対する興味や関心が深まり、言葉に対する感覚が養われ、言葉が豊かに成長していくのです。

演習課題 ❾

領域の考え方と言葉の育ち

　子どもたちの人格形成を担う保育者として、あなたはどのような生き方をしていきたいですか。ノートにまとめましょう。

・・・・・・・・・・・・

■振り返り、感想を伝え合いましょう。

【振り返りのポイント】

● 確かな知識と技術を身につけ、人間性を磨くチャンスは、日々の生活の中にもたくさんありそうです。

アクティビティ ❾

課題その1　領域の考え方と言葉の育ち

　子どもたちの「生きる力の基礎」を育むために、あなたは保育者として
どのようなことに力を入れていきたいですか。グループで話し合ってみま
しょう。

課題その2　領域「言葉」と保育の方法

　あなたが、人と言葉を交わして喜びを感じるのはどのようなときですか。
これまでの体験をもとに話し合いましょう。

・・・・・・・・・・・・・・

■このアクティビティを振り返り、感想を伝え合いましょう。
【振り返りのポイント】
● 「生きる力」とは、知・徳・体のバランスの取れた力のことです。
● たとえば、「あなたは最近、よく気がついて周りの人に親切にしていま
　すね」と認めてもらえたら、嬉しいですよね。

10 子どもの発達と言葉

この章で学ぶこと・・・

● 子どもの発達とコミュニケーションの育ちについて理解しよう。
● それぞれの発達段階における子どもとの関わりについて学ぼう。

学びのキーワード

子どもの発達　発達段階　発達連関　コミュニケーションの発達　言葉の獲得　話し言葉　書き言葉

1 乳児の発達と言葉の獲得

1. 乳児期前半の発達と他者との関わり

①子どもの発達と新しいコミュニケーション手段の獲得

　人は哺乳動物のなかで唯一、産声を上げます。それは、誕生の直後から社会的な関係のなかで守り育てられることが約束されていることを意味します。社会的な関係のなかで育つため、子どもたちは他者と何らかのコミュニケーションをとる方法を、それぞれの発達段階に応じて新しく獲得していきます。誕生から就学前（5～6歳）の発達においては、乳児期に「人に笑いかけること」、1歳頃から「言葉を使って話すこと」、5歳頃から「文字を使って書くこと」という新しいコミュニケーション手段がそれぞれ獲得されていきます。

　この章では、「聞く」「見る」「感じる」、そして「認識する」「理解する」というコミュニケーションにおける「入力」のための機能と、自分の意思を表現するための「出力」の機能がそれぞれの発達段階においてそれぞれの自我の育ちとどのように連関していくのかという点に留意しながら、子どもの言葉の発達について学びます。

[図表 10-1-1] 乳児期前半の発達段階とほほえみの発達

	姿勢・運動	聴覚	視覚	音声	ほほえみ
第1の段階 （1か月頃）	左右非対称 首が座っていないのでどちらか一方をむく。	聴覚優位 音源はわかるがそちらをむけない。	目前30cm程度の位置にあるものは見えるが動くと追視できない。	産声 鼻母音「アー」	無意識にでる感情をともなわない生理的微笑。
第2の段階 （3か月頃）	左右対称 仰向けの姿勢で正面をむける。	音源を探そうと眼を動かす。	胸上で左右上下の追視ができる。	喉子音「ウックン」 泣き声に感情表現がみられる。	自分を見た人に笑いかける普遍的微笑。
新しい発達の原動力の誕生 （4か月頃）	縦抱きにしてもエネルギーが落ちない。	聴覚と視覚と運動機能が連携し、支え座りの姿勢で音がしたほうをむいてみつけ、手を伸ばそうとする。	首が座って垂直姿勢がとれることで、声がよくでる。	お座りの姿勢で、じっと相手を見て静かに笑う。
第3の段階 （5か月頃）	うつ伏せでも上体を保持できる。	音のするおもちゃをみつけ、手を伸ばし、もって口に入れて遊ぶ。 周囲の人の声を聞き分ける。 外界のさまざまな音に興味を示す。	母音や子音がつながり、強弱や高低のある音節。 声をだして遊ぶ（ボーカルプレイ）。	親しい人に自分から笑いかける社会的微笑。
飛躍的移行期 （6か月頃）	寝返りができる。お座りで上体のバランスをとる。	左右のものを見比べる、もったものをもち変える。	声を上げて笑う。	初期の人見知り。

田中昌人『乳児の発達診断入門』大月書店、1985年・江頭恵子・鈴木永子『赤ちゃんがやってきた』大月書店、2014年・村上玲子・石井玲子編『実践しながら学ぶ子どもの音楽表現』保育出版社、2012年をもとに作成

②乳児期前半の姿勢の発達

　誕生から6〜7か月頃、寝返りやハイハイができるようになるまでの子どもは、自分の意思で体位を変えたり移動したりできない状態で、食事（授乳）も排泄も着替えも身のまわりの世話は、すべてまわりの大人が行います。この時期を「乳児期前半」とよびます。乳児期前半の大きな発達課題は、自分の意思で自分の体を動かせるようになることです。ここでは、乳児期前半の姿勢の発達とその時期のコミュニケーションに重要な機能の発達連関を、特に笑顔（微笑）の発達に注目し

て解説します。

③第1の段階（生後1か月頃）

　生まれたばかりの赤ちゃんには、さまざまな原始反射（新生児反射）（→第11章を参照）があります。いずれも、進化の歴史のなかで人類の祖先が生き延びるために必要だった能力ですが、赤ちゃんにとっては自分の意思とは無関係な動きを強いられるということでもあります。これらの反射は、中枢神経系の成熟がすすんで大脳による体のコントロールができるようになる4か月頃までに大部分は消失していきます。

　生後1か月頃までは、仰向けにすると左右どちらかをむいた姿勢[★1]になります［図表10-1-1］。赤ちゃんの視界に入るには、機嫌よく目覚めているわずかな時間をねらって、赤ちゃんのむいている方向の30cm程度の場所にいなければなりません。

　この頃のコミュニケーションは、赤ちゃんから一方的に「不快なときに泣くこと」が大部分のように思われます。寝入りばなに「天使の微笑」ともよばれる「生理的微笑」（→第11章を参照）を見せることがありますが、それも自分のなかの「快」の刺激に反応しているだけのようです。しかしなが

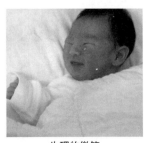

生理的微笑

ら、授乳の際にふっと途中で飲むのをやめてじっとして、大人がつついたり軽く揺すったり声をかけたりするとまた飲み始める、といったコミュニケーションをするのは、ほかの霊長類にはみられない人だけの特徴[★2]です。

★1　むいた側の手が伸びて反対側が曲がる（足はむいたほうが曲がって反対側が伸びる）フェンシングポーズといわれる姿勢で、原始反射の一つ。

★2　正高信男『0歳児がことばを獲得するとき』中公新書、1993年

④第2の段階（生後3か月頃）

生後3か月頃になると首が座り、仰向けで正面をむけるようになります。大人がベッドをのぞき込むと自分で相手の顔をみつけることができ、自分からほほえみかけます。これを「普遍的微笑」といいますが、最初のうちは誰を見ても笑いますし、人形や写真、お面のようなものにでも反射的に笑い

普遍的微笑

ます。この時期に赤ちゃんの様子に合わせて話しかけると、「アー、クー」と声をだして答えてくれる（「クーイング」[→第11章を参照]）ようになります。手足が自分の意思で動かせるようになってくるので、それに合わせて手足をバタバタとさせます。

⑤第3の段階（生後5か月頃）

生後5か月頃になると人形などには笑わなくなり、よく知っている人とそうでない人を見分けて、親しい人に自分から笑いかける、選択的な「社会的微笑」になっていきます。発声にも強弱や高低がつき、母音と子音がある音節が誕生してきます。うつ伏せの姿勢でも頭がペタンと落ちてしまう

社会的微笑

ことがなくなり、しっかり頭を上げ、手だけでなく指も使っておもちゃをつかみ、もち上げてみせてくれます。まだハイハイができなくても、いつのまにか体の向きが90度変わっていて、こちらを向いているでしょう。

⑥新しいエネルギーの誕生と乳児期後半への飛躍的移行

この3か月と5か月の間の、生後4か月頃には、仰向けだけでなく縦抱きにしても、じっと相手を見て静かに笑いかける「人知りそめしほほえみ★3」といわれる微笑がみられます。縦抱きは、本来は「乳児期

後半」の姿勢です。重力の抵抗があることで、生後３か月頃であれば活動がなりをひそめてしまうのですが、生後４か月を超えてくると縦抱きやお座りの姿勢であっても、相手にほほえみかけたり、みつけたものに手をだそうとしたり、聞こえた音に反応してそちらを見たりして、エネルギッシュに活動します。

４か月頃には、じっと相手を見る

　聴覚、視覚、触覚などのさまざまな感覚が統合され始め、６～７か月頃からの「乳児期後半」の生活を可能にする準備ができたということでもあります。

２．乳児期後半の発達と共感する力

①世界を探索する力の発達

　寝返りやハイハイ、お座りやつかまり立ちなどで位置の移動や姿勢の変更が自由にできるようになる全身運動の発達、みつけたものを手でつかんで口にもっていったり、もち替えたりできるようになる手指操作、そして目の前からなくなったものでも（どこに行ったんだろう）ときょろきょろと探してみつけだすことができる認知の力、その際に相手の視線を（これでいいの？）と参照できるようになる対人関係の力。このようなさまざまな能力が連関して、「世界を探索する」力が獲得されていきます［図表10-1-2］。乳児期後半の３つの段階は、この世界を探索するための窓、すなわち「外界との結び目」が１つ、２つ、３つと増えていく段階です。

②第１の段階（生後７か月頃）

　生後７か月頃の赤ちゃんは、お座りが安定してくるので自由になっ

★3　田中昌人『乳児の発達診断入門』大月書店、1985 年

[図表 10-1-2] 乳児期後半の発達段階と世界を探索する力、人と関わる力

	姿勢・運動	手指の操作	探索	聞く力と喃語[★4]	人との関わり
第1の段階 （7か月頃）	寝返り、座位飛行機の姿勢、後ずさり、旋回→ずりばい。	熊手状の把握※1、ワンタッチで口へ運ぶ、もち替える。	空間をとらえる（見比べてから相手を見る）。	さまざまな喃語。	初期の人見知り。知っている顔と知らない顔がわかる。
第2の段階 （9か月頃）	足を投げだして座る長座位。よつばい、つかまり立ち。	「もつ-離す」ができ左右交互に散らかす。小さいものには人さし指から接近。	ひもをもって引っ張る、器の中からものを取りだすなど異なる部分の操作ができる。	「パパパパ」「マンマンマン」など繰り返す喃語。	激しい人見知りと愛着形成、後追い。行動の前後に大人の顔を参照する。
新しい発達の原動力の誕生 （10か月頃）	伝い歩き、一瞬の独り立ち。目的をとらえ行きたいところに行く。	くっつける、入れる、渡す、乗せるなどの定位的調整。	手指を使って探索し、それを相手と共有する。目の前からなくなっても探す。	音や動作を模倣する。「チョチチョチ」「アリガト」「バイバイ」などの言葉を理解し身振りができる。声や手差しで感情や要求を伝える。親しい人（第2者）と対象（第3者）を共有する三項関係の成立。	
第3の段階 （11か月頃）	たかばい、ものをもって移動。臥位⇔座位⇔立位が自由にできる。	定位操作、指先を使ったピンチ把握※2。	高さ、深さを超えて探索行動、相手と共有する。自分からも要求する。	はっきりと対象を示す指差し（要求の指差し）。「マンマ」「ナンナン」などが場面と結びついて発声される。名前をよばれたのがわかる。	
飛躍的移行期 （1歳〜1歳6か月頃）	歩行開始、直立2足歩行ができる。	パズルをはめる、積み木を積む、絵を描く。	違いを見分けて選びとる。	喃語から言葉へ。意味をもった言葉の使用。1語文。自我の誕生。	

※1……掌と5本の指を使ってかきよせるようにつかむこと。
※2……親指と人さし指の指先を使ってつまみ上げること。

た両手を使って、目の前のおもちゃなどをわしづかみにし、口にもっていって感触を確かめます。丹精込めてつくった離乳食であっても、

★4　喃語とは、前言語期の赤ちゃんが発する意味のない声のことだが母音のみのクーイングと区別し、生後5〜6か月以降に子音と母音を組み合わせてだす声のことを指すことが多い。

あっという間に皿ごとひっくり返されてしまいます。世界を探索するための窓口、外界との結び目はまだ1つです。

この頃から、親しい養育者との密接な関係が深まって（「『愛着』の形成」[→第11章を参照]）、後追いや人見知りが始まり、生後8〜9か月頃が一番激しくなります。泣くほど怖いなら見なければいいのに、保護者の腕のなかや担任の先生の膝の上から身を乗りだして、わざわざ確かめるように知らない人をじっと見て、また腕のなかに戻ります。新しい世界と出会う冒険にでるには、「安全基地」が確保されていることがどうしても必要なのです。

③第2の段階（生後9か月頃）

生後9か月頃になると、「外界との結び目」は2つになり、両手でそれぞれにおもちゃをもつことができます。器と、器の中に入っているものが区別されて、中身を取りだすことができます。「もつ―離す」操作が上手にできるようになるので、ティッシュペーパーなどを左右交互に次から次へと引っ張りだして放り投げ、遊びます。指先が少しずつ上手に使えるようになり、人さし指でボーロのような小さいものをちょんちょんとつつきます。

「メッ」と叱られるとわかるようにもなる時期ですが、まだ叱られている意味はわかりません。大人からみると「いたずら」でも、子どもにとっては大事な発達の一場面です。この頃になると、ただ「泣く」だけではなく、「あっあっ」と声をだしたり行きたい方向やほしいもののほうに「手差し」をしたりします。

④第3の段階（生後11か月頃）

臥位から座位、座位から立位、伝い歩きをして、また座位へと姿勢の変化が自由にできるようになります。ハイハイや伝い歩きで位置の移動が自由になり、いいものをみつけると目的をとらえた移動を繰り返し、高さや深さをものともせず、探索して遊びます。外界との結び目は3つになっています。

[図表10-1-3] 三項関係

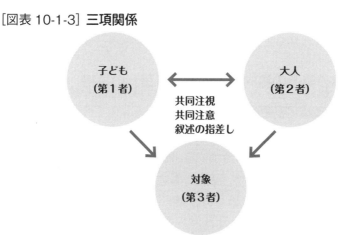

⑤ものを媒介とした共感する力の発達

　この第2と第3の段階の間である生後10か月頃には、乳児期後半の新しいエネルギーとなるつながりが生まれてきます。器からだすだけでなく「入れる」「渡す」「のせる」「はめる」など、位置をねらい定めてものを操作することができるようになり、「ちょうだい」に対して（どうぞ）とおもちゃを渡すもののやりとりもできるようになります。ほしいものに直接手をだす「手差し」から、少し離れたものを人さし指で指す「指差し」に変わります。大人に抱っこされるなど同じ方向をむいているときに、同じ対象を見る「共同注視」や、「指差し」たものを媒介として第1者と第2者が交流する「共同注意」、対象を人さし指で「指差し」してから相手を見る「叙述の指差し」が成立してきます［図表10-1-3］。

　これらが、子ども（第1者）が相手（第2者）と対象（第3者）を共有する「三項関係」の成立であり、言葉を使ったコミュニケーションの土台となる力です。逆にいえば、「三項関係」が成立しないと言葉によるコミュニケーションは成立しません。この頃、人見知りがみられない、指差しをしない、目が合わず一人遊びばかりしているなど、コミュ

ニケーションが成立しにくい場合には、子どもの興味に寄りそいながらていねいに人と関わる力を育てていく取り組みが必要になります。

3．1歳頃の発達の質的転換期と「言葉」の獲得

①語彙の増大と認知の発達

　「ナンナンナン」「マンマンマン」と同じ音節を繰り返していた喃語も、歩き始めの1歳前後にはきちんと意味と結びついて「マンマ」などの「初語」としてでてきます。大人からの「ワンワンはどれ？」といった言葉での質問に対して、「応答の指差し」で答えるようになります。そこでは「指差し」や「視線」「発声」の機能が連動し、コミュニケーション手段として明確に使用されるようになります。

　1歳台のはじめは、たとえば動くものはすべて「ワンワン」だったのが、1歳半頃を過ぎると「ワンワン」じゃなくて「ニャンニャン」、「ニャンニャン」じゃなくて「ブーブー」というように、違いがわかって語彙が爆発的に増大してきます。これはたとえば、はめ板（パズル）で、○と□の違いを見分けて適切に入れることができるようになるなど、認知面の発達によるものです。

②発達の質的転換と自我の誕生

　1歳半頃は、発達の質的転換期といわれます。この時期は個人差や個人内での機能連関の得意不得意はあるものの、「直立2足歩行」、自由になった手を使った意図的な「道具の使用」、概念と結びついたシンボルや「言葉」によるコミュニケーションが獲得されます。人類の進化の歴史においてもサルと人との違いを決定づけた大きな節目です。

　同時に「自我」が誕生し、自分の思いと違うとかんしゃくを起こします。1歳の後半になると、「○○ちゃんの！」「○○ちゃんが！」と自己主張をするようにもなりますが、それは要求を態度や行動で示すだけでなく、つたないながらも話し言葉を使って相手と交渉しようとする姿の芽生えでもあります。

168

保育所での1歳後半児の集団においては、保育者の一斉指示が入るようになり、「お散歩に行くよ」「給食だよ」「トイレに行こうか」などの声かけによって、集団で一斉に動くことができるようになります。

② 幼児の発達と言葉の役割

1．幼児期の発達と「言葉」

幼児期の発達段階と言葉

1歳半頃に発達の質的転換を遂げ、幼児期に入った子どもたちは、さまざまな具体的な経験を積んでいきます。ここでは主に、就学前までの発達連関と言葉によるコミュニケーションの育ち、そして新しいコミュニケーション手段としての書き言葉（文字）の獲得までを学びます。

2．2歳頃の発達と「伝わる」楽しさ

①言葉の発達

1歳後半から2歳頃にかけて個人差はありますが、最初は単語だけだった「1語文」が、「マンマ、食べる」「お外、行く」など文法構造をもった「2語文」になります［図表10-2-1］。

2歳台になると、「ワンワン」「ブーブ」「ママ」「パパ」などの名詞だけではなく、「大きい―小さい」、「赤い―白い」といった、2次元の対比的な特徴をとらえた形容詞の理解もすすみます。また、「おはよう」「バイバイ」などのあいさつや、「貸して」「入れて」「ジュンバン」「ありがと」「ごめんね」などそれぞれの場面にふさわしい言葉を覚え、使えるようになります。

②豊かな経験と表現の発達

生活や遊びのなかでさまざまな体験をすることによって、（こうい

［図表 10-2-1］幼児期の発達段階と言葉

	運動	手の操作	認知	対人・言語	社会性・自我
第１の段階 （1歳頃）	２足歩行　走ったり飛び降りたりできる。	スプーンや鉛筆など道具が使える。	「○○デハナイ、○○ダ」と違いがわかって選びとる。	1語文「○○ちゃんの！」	自我の誕生
第２の段階 （2〜4歳頃）	ケンケン、体操などさまざまな運動ができる。身辺自立（3歳頃）。なわとびやブランコができる（4歳頃）。	左右の手の役割分担、ボタン止めなどができる。閉じた○が書ける（2〜3歳頃）。□が書ける（4歳頃）。	２次元の縦と横のある構成ができる（2次元の形成）。一度に２つの操作をする「○○シナガラ、○○スル」。	自他が分離し、モデルと同じことができる。2語文→文章になり、友だちと言葉を使ってコミュニケーションをする。	自我の拡大（2歳頃）。自我の充実と第１次反抗期（3歳頃）。自制心の芽生え（4歳頃）。
新しい発達の原動力の誕生 （5〜6歳頃）	細かい体の制御、行動の制御ができる。	△や斜めの線が書ける。後ろむきや横むきの人物画が描ける。文字や数字が書ける。	３次元の空間認知、時間経過、多価的な評価ができる（○×評価からの脱出）。	友だちの意見を聞き、話し合いができる。理由が説明できる。根拠がわかって数を操作できる。	ルールがわかって集団遊びや集団行動ができる。自己形成視（→177頁を参照）

（注）第３の段階は小学校低学年頃、飛躍的移行期は９〜１０歳頃とされ、思春期・青年期・成人期へとつながっていく。

うときは、こうするの！）（こう言えばいいの！）というパターンをどんどん学習する２歳児は、毎日のように新しい言葉を覚え吸収していきます。「まぶしいお日さま」「緑の葉っぱ」「涼しい風」「土の匂い」「冷たい水」など、豊かな自然のなかで五感をいっぱいに使って遊び、絵本やお話、歌やリズムなど、さまざまな文化財にふれる環境も用意してあげたいものです。それらの豊かな実体験が、大好きな友だちや大人との関係のなかで「言葉」や「イメージ」として共有されて、そしてまた言葉や絵、動きとしても「表現」されていきます。

　描画では、１歳頃のなぐり書きが１歳後半にぐるぐる書きになり、

2歳の終わり頃には〇が描けるようにな
ります。たくさんの〇を描いて、それぞ
れに「おいも！」「〇〇ちゃん！」「おば
け！」などと命名しますが、描いたあと
に何を描いたか聞くと、描く前に言って
いたことと違っている場合があります。
それも拾って書きとめておくと大切な記

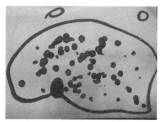

たくさんの〇による
「ブタちゃん！」

録になります。自由な「表現」を友だちや大人と共有すること、イメー
ジが「伝わった」という楽しさを共有することが大切です。

　ただし、2歳台は言葉が通じるようでまだ通じない、「ややこしい」
時期でもあります。1歳後半から2歳前半にかけて自我が拡大してく
ると、特に家庭で大人と1対1で過ごしている場合など、大人からの
指示に対してはとりあえず「イヤ」と言ってみるような、「強情」さ
がみられるときもあります。3歳に近づくと落ち着いてくるものです
が、この時期は親子が追いつめられないよう、密室育児にさせない工
夫が虐待予防としても求められます。

　では、親子が追いつめられるときとは、どのようなときのことでしょ
うか。事例1をみてみましょう。

事例1　2歳6か月風呂あがり
母「パンツはいてねー」
子「ヤダー！」
母「おむつ？　パンツ？」
子「ヤダー！」
母「こっちのパンツにしようか」
子「ヤダー！」
母「こっちの足にはくのかなー？」
子「ヤダー！」

> 母「あたまにかぶるのかなー？」
>
> 子「ヤダー！」
>
> 母「ママ着ちゃおっかなー」
>
> 子「ヤダー！」
>
> 母「姉ちゃんにはいてもらおうか？」
>
> 子「ヤダー！」
>
> 母「どうすんの？　はかないの？」
>
> 子「ヤダー！」
>
> 母「しょうがない、おむつはこうか」
>
> 子「ヤーダーッ！！！」
>
> やっとはいたと思ったら、次はシャツ……。

　上の事例 1 で子どもは、パンツをはきたくないわけではないのです。ヤダと言いたいだけなのです。ほかにも、トイレに行きたくて前をおさえてふるえている 2 歳児に「トイレ行こうか？」「ヤダー！」と言うこともあります。このようなとき、脱力してつい笑ってしまいます。

　ただし、肩の力が抜けるのはユーモアのセンスをもって笑いあえる大人の相手がいるときです。1 対 1 ではそうはいきません。親子が追いつめられないよう、保育者の役割が重要なのです。

3．3歳頃の発達と「会話」の成立

①記憶力や語彙の増大

　3 歳頃は「姓－名前」「男－女」「2 歳－3 歳」がわかって、フルネームでの自分の名前や性別、年齢が言えるようになります。お誕生日には、「3 歳になった！」という誇らしさでいっぱいの「うれし恥ずかし」という独特の表情をしています。

　この頃になると記憶力や語彙が増え、「会話」のやりとりが成立するようになります。「おなかがすいたらどうする？」といった、今現

３歳のお誕生日

どろ遊び

在の状況ではない仮定の設定を理解し、「ご飯を食べるの」と答える
ことができるようになるのです。助詞の使い方もだんだんと間違いが
少なくなり、文章も長くなっていきます。友だちと身近な生活場面や
絵本などのイメージを共有した「ごっこ遊び」も盛んになり、おもちゃ
や積み木、水や砂などの素材を使って、場面や会話を再現して楽しみ
ます。

　２次元の対比的な認識についても、「好き－嫌い」「縦－横」「うち
－そと」「２個－３個」といったさまざまな概念を理解するようになり、
生活のなかで使用していきます。「こうしたら、こうなる」「○○だから、
こうなった」といった、２つの事象の時間的な経過のつながりや因果
関係などもわかってくるようになります。生活のなかでは「なんで？」
「どうして？」を頻発して、さまざまな知識を自分のものにしていき
ます。

②処理能力の発達

　３歳の前半では、一度に２つのことを覚えたり、同時に実行したり
することはまだ難しいのですが、３歳後半～４歳になってくると、そ
れもできるようになります。記憶力の増大によって、「お道具箱には
さみをしまって、代わりにクレヨンとのりをとってくる」など一度に
複数の指示を出されても、指令の内容を最後まで覚えていて、行動に
移せるようになるのです。「○○しながら、○○する」、一度に２つの
ことを処理できる力の芽生えです。

　また、全身運動における重心移動や手先の巧緻性が増すため、「片足を上げながら前に進むケンケン」や、「傘を垂直に保持しながらさして歩く」こと、「ドアノブを回しながら押し開ける」動作、「鬼の動きを見ながら逃げる鬼ごっこ」や、「角を合わせた折り紙がずれないように折り目をつけ

傘をさして歩く

る」ことなど、2つのことを同時に実行することもできるようになります。

　左右の手の役割分担もできるようになるので、たとえばボタンを片手で保持しながら、もち替えて服の穴に通すことができるようになります。また、（おしっこがでそう）（おなかが痛い）などの内臓感覚がわかって、言葉で表現できるようにもなり、身辺自立がすすみます。おはしも3歳頃から使用し始める園が多いようです。

　なお、発達障害などが疑われる場合で、注意力が散漫だったりワーキングメモリーの容量が低かったりする子どもに対しては、全体への一斉指示のあと個別に1つずつ指示をだしたり、視覚的な手がかりを使って、指示が全部聞きとれなくても見ればわかるような工夫をしたりすることが必要な場合もあります。

③描画力の発達

　この頃の描画は、縦と横の組み合わせで十字が描けたり、○のなかに小さい丸や線を組み合わせることで人物画が描けるようになったりします。3歳台には、頭部から直接、棒状の手足が伸びる「頭足人」の絵が出現していきます。

頭足人

4．4歳頃の発達と言葉の役割

①思考力の発達

　4歳頃になると、指示されたことや目に入ったことにすぐに飛びつくのではなく、やる前にゴールをイメージし、段取りを考えるようになります。それ以前は「こうだからこうなって……」とブツブツとひとりごとを言いながら行動をしつつ考えていましたが、それを声にださずに頭のなかで事前に考えられるようになるのです。ヴィゴツキー[★5]はこれを、言葉によって思考する「内言」といい、それに対して外に発言する言葉を「外言」といいました（→第12章を参照）。3歳児には「内言」がないので、考えていることはすべて話し言葉（ひとりごと）として漏れでてしまっていたのです。

②2次元の対比的な認識の理解

　2次元の対比的な認識においては、「よい－悪い」「できる－できない」など社会的な価値の評価を含む概念の理解がすすみます。ただし4歳頃は、まだ○×評価から抜けだすことができないこともあり、何かをしようとするときに「できない＝ダメ」な自分から逃れられず、突然キレて暴れたり、ふざけてみたり、固まって動けなくなってしまったりすることがあります。

　自分のもっている知識と他者のもっている知識が違うものだということがわかって、他者の視点を推測することができるようになっているのですが、それは他者からの評価の視線がわかるということでもあります。他者の目を意識するようになると、少し自信がないときに、「できるかな、できないかも……」と気持ちが揺れ、葛藤するようになるのです。

　つまり、3歳頃の「反抗」とは違い、やらなくてはならないことを

葛藤している 4 歳児

頭ではわかっているのです。「でも……」と自分の気持ちと他者の評価の目とのはざまで葛藤している 4 歳児には、「なぜできないの」という叱責や詰問、人格否定ではなく、本人のしんどさに寄り添いながら、子どもの力を信じて待つ温かなまなざしと励ましを与えたいものです。

　「できないかもしれない、けど、やってみようかな」と自分の行動をコントロールして一歩を踏み出すには、大人との信頼関係と、大好きな仲間たちとの魅力的な活動体験が必要です。大人の都合に合わせて「我慢」させるのではなく、やってみようと思えるよういかに魅力的な保育内容を用意していくか、どのように一人ひとりにていねいな支援を入れていくかが大切です。

③描画力の発達

　4 歳後半頃は、早い子どもなら文字や数字への興味もでてくる頃で、個人差はありますが、1 字ずつ読める子もでてきます。描画や塗り絵では、枠を意識しながら色を塗り分けたり、迷路やなぞり絵などでは、はみださないように線を引いたりすることができるようになります。△や曲線など斜めの線に挑戦し始め、文字を「書く」ことへの準備がすすみます。

5．5〜6歳頃の発達と「書き言葉」の獲得

①3次元の空間認知能力と時系列の理解

　5〜6歳頃の子どもは、2次元の対比的な認識の世界から、3次元の世界に入ります。空間的には、「大・中・小」、「縦・横・斜め」「前・横・後ろ」など3次元の空間認知ができ、数が1つずつ増える、1つずつ減るなどの系列操作もできるようになります。そして、時間の「昨日・今日・明日」「前・今・今度」「過去（小さかった頃）・現在・将来（大きくなったら）」が、時計やカレンダーの助けを借りつつ行き来できるようになります。

　積み木を5個ずつ使って、凸凹(でこぼこ)の塔とまっすぐな塔をつくり、子どもに「どっちが高い？」と聞いてみます。3歳や4歳のときには揺らいで「こっち」と答えていたのが、「5個と5個だからどちらも同じ」と根拠を示して、相手にわかるように理由を説明することができるようになります。

5つの塔

②多面的な評価と自己形成視

　5〜6歳児は〇×評価から脱し、「どっちも好き」「今は、それはいらない」「〇〇くん、いつもは乱暴だけど、電車のことよく知ってるんだよ」など、多面的、多価的な柔軟な答えができるようになります。

　クラスの集団としても、一人ひとりの子どもの多様性が大事にされることでまとまってきます。視点を変えた多様な評価ができるということは、相手の立場に立って理解することができることにつながり、トラブルを自分たちの力で解決しようとしたり、話し合いで物事を決めたりすることができるようになります。

　他者を多面的に評価する力は、自分を多面的に客観視できる力にも

［図表 10-2-2］部分と全体の構造

つながります。この頃、過去の赤ちゃんだった自分に比べて成長した
自分がわかること、「大きくなったら○○になるんだ」というあこが
れをもって、時間軸のなかで自分をとらえられるようになる、自己認
知ができるようになることを自己形成視といいます。[6]

③言葉や文字の理解の発達

　全体と部分の関係がわかり、車、バス、電車、飛行機などの上位概
念[7]が「乗り物」といった構造がわかって分類ができるようになります
［図表 10- 2- 2］。また、「くるま」という言葉が音節分解して「く」「る」
「ま」という３つの音からできていることがわかると、しりとりや文
字の使用が可能になっていきます（→第13章を参照）。

　ただし、文字が読めるようになったからといって、それがただちに
「書き方の学習」につながるわけではありません。興味のない子、準
備のできていない子に一斉指導でドリルをやらせ、何度も書き直させ
ることで学習そのものが嫌いになってしまっては元も子もありませ
ん。それよりも、生活や遊びのなかで文字や記号にふれる機会をゆっ

★6　白石正久・白石恵理子『教育と保育のための発達診断』全障研出版部、2009 年
★7　上位概念とは、たとえばりんごやみかんの上位概念が「くだもの」となるように、その言葉
　を含む総称的なものを指す。

くり準備し、その気になったときに学びを妨げない工夫が必要です。

　そもそも人類史における「文字」の機能は、「今、目の前にいない人とでも、時間や空間を超えてコミュニケートできること」です。おでかけ先で出会った人とのお手紙のやりとり。サンタさんや忍者、鬼や小人などファンタジーの世界の住人との創意工夫に満ちたメッセージのやりとり。自分たちの生活をカルタや歌にして表現する。話し合いのなかで覚えきれないアイデアをメモする（記録する）。文字を使うことに必然性をもった、わくわくするようなたくさんの実践があります。「文字」との出会いの機会を大人も子供も楽しみながら大切に準備してほしいと思います。

演習課題 ⑩

事例研究・話し合いで決める

　月に１度のお弁当の日。３〜４歳の子どもたちが縦割りグループになっておやつを決めています。スナックを選んだグループはおとなしく待っていますが、おせんべいか、チョコ菓子かで意見が分かれたグループはなかなか決まりません。

　「アンパンマン（のおせんべい）！アンパンマン！」と先生の顔を見ながら叫ぶ３歳児、「○○はチョコがいいの！」と友だちを説得しようとする４歳児。なかなか決まらず、先生の助けでおせんべい派と、チョコ派で一列に並ぶと、せんべい９人、チョコ４人になりました。「おせんべいの人はいいかもしれないけど、チョコの人がそれでいいっていうか聞いてごらん。○分まで」とタ

イマーを示し、それぞれの思いを言いますが、決まりません。最終的に先生が、「では、時間ですので、人数の多いおせんべいで決めます」と伝え、当番の子に配ってもらいました。

　最後までチョコと主張していた４人は残念そうですが、おせんべいを手にすると、友だちと見せ合い、次の先生の指示を聞いて動き出しました。

・・・・・・・・・・・・

■ 「話し合って決める」という場面での３歳児の行動、４歳児の行動について考えましょう。もしこれが５歳児だったらどうだったか、考えてみましょう。また、このような決めごとの際に先生がどのように声をかけるか、発達段階に応じた言葉かけや対応についても話し合ってみましょう。

アクティビティ ❿

課題 ピン・ポン・パン

全員立った状態で、「ピン」「ポン」「パン」と、互いに相手を指名しながら、座っていくゲームです。

◆1回目

❶ 8人から10人程度のグループをつくって輪になります。

❷ 誰からスタートするか、決めましょう。

❸ まず練習として、時計回りに回しましょう。スタートの人から1人ずつ、隣の人をしっかり見て指差し、「ピン」と声に出して指名します。次の人は隣の人を「ポン」と言って指名します。その次の人は同じく「パン」と言って指名します。

❹ 1周回ったら、今度はスタートの人からランダムに「ピン」→「ポン」→「パン」と回しましょう。「パン」と言った人は座ります。

❺ 同じように、「ピン」→「ポン」→「パン」を繰り返し、残りが2人になるまで続けます。

◆2回目

「ピン」→「ポン」→「パン」と回していきますが、今度は指差しをしないで回します。

◆3回目

今度は、指差しをせず、声にも出さずに、「ピン」→「ポン」→「パン」と回します。

・・・・・・・・・・・

■ このアクティビティを振り返り、感想を伝え合いましょう。

【振り返りのポイント】

● コミュニケーションツールとしての言葉、体の動き、アイコンタクトの力を実感することができたでしょうか。

● コミュニケーションには、何が大切なのでしょうか。

参考文献　神奈川県教育委員会教育局行政部行政課人権教育グループ『人権学習のための参加体験型学習プログラム集』2012年

前言語期のコミュニケーションと保育

この章で学ぶこと。。。

● 言葉が出る前のコミュニケーションと愛着について理解しよう。
● コミュニケーションを促す具体的な活動について理解しよう。

学びのキーワード

愛着　喃語　三項関係　探索　反射

1　言語獲得前のコミュニケーション

1．前言語期とは

　幼児が言葉を発するようになるまでの期間を「前言語期」といいます。前言語期の発達の過程と、コミュニケーションの基盤となる信頼関係である愛着の重要性を理解しましょう。

①生来備わっているもの（生後0か月～）

　みなさんは、生まれたばかりの赤ちゃんに接したことがあるでしょうか？　赤ちゃんは小さくてかわいらしく、それでいて生命力に満ちあふれた輝きをもっている、そんなことを感じたことと思います。人間の赤ちゃんは、ほかの哺乳類に比べて1年早く生まれてくると考えられ、無力な状態であるといわれています[★1]。赤ちゃんは自力で生きることは難しいため、保護者の手を借りてこの世界への第一歩を踏み出すことになります。

　このように無力でありながらも、赤ちゃんはこの世界で生きていくためにさまざまなものを身につけて生まれてきます。たとえば、ミル

★1　アドルフ・ポルトマン、髙木正孝訳『人間はどこまで動物か──新しい人間像のために』岩波新書、1961年

[図表 11-1-1] 主な新生児反射

口唇探索反射	唇や口に何かがふれると口を開け、そちらに顔をむける。	お乳を飲む。
吸てつ反射	口の中に何かが入ると吸う。	
把握反射	手のひらに何かがふれると握りしめる。	姿勢のアンバランスや落下などから身を守る。
モロー反射	姿勢がくずれ頭がぐらっとしたり、大きな音がするとすばやく腕を広げ抱きついたりする。	
自動歩行反射	わきを抱えて歩行姿勢をとらせると、足を交互に出しひざを曲げる。	

[図表 11-1-2] 感覚器官の発達

聴覚	胎生 24 週である程度完成、母親の声の識別が可能、6 か月までに音の高さ、強さ、リズム識別。
触覚	胎生 7～8 週から部分的に機能する可能性あり、出生時には完成。
味覚	胎児期後半には完成、甘味の弁別可能。
嗅覚	一番早く発達、出生時には完成。
視覚	出生時、目の前のものは把握が可能、3 歳頃完成。

クを飲んだり、姿勢のくずれから身を守ったりする「新生児反射（原始反射）」［図表 11- 1 - 1 ］（→第 10 章を参照）や、生活を送るうえで必要な五感はある程度もっています［図表 11- 1 - 2 ］。

　そのほか、ほほえむような表情（「生理的微笑」）をしたり（→第 10 章を参照）、保護者が話しかけると体を動かす反応が繰り返しみられたりするほか、目の前の人物の動きのまねをする反応（「新生児模倣」）が知られています。これらは約 2 か月で自発的なほほえみや模倣と入れ替わっていきます。

　もともともっているこうした働きは、赤ちゃんと保護者の間に相互作用を引き起こしていきます。そして、双方の関わりのなかで保護者に親らしさ＝「親性」が徐々に芽生えていきます。

　たとえば、赤ちゃんに自分の指をぎゅっと握られほほえまれたとき、保護者のなかには赤ちゃんを自分にとって大事なもの、かわいいものとして守りいつくしむ気持ちが生まれています。こうした気持ちに

は、みなさんも共感できるのではないでしょうか。これは、赤ちゃんを取り巻く多くの大人に共通する反応であり、赤ちゃんを自分たちのコミュニティの一員として喜び迎えようという気持ちを引き起こします。

②応答的関わり（生後０～約４か月）

　赤ちゃんの生活リズムは不安定で、昼夜を問わず泣くことでおなかがすいたこと、ウンチが出て気持ちが悪いこと、気分がすぐれないことなどを伝えてきます。不快なことが起きたら子どもは泣き、保護者が世話をして快の状態に戻してあげるというやりとりが基本にあり、そのリズムや関わり方には親子によってさまざまな個性が表れます。

　保護者にとって、自分のおなかにいた赤ちゃんは、生まれると同時に自分から分離した存在になります。保護者は世話をし育てるために、わが子の訴えを理解しようと必死になり、そのプロセスのなかでより保護者らしくなっていきます。とまどいながらも子どもの世話にとりかかり、「おなかすいたの？」「抱っこしようね」など語りかけも始まっていきます。

　生後１～２か月頃になると、機嫌がよいときに「クーイング」といわれる「アー」「クー」のような、のどの奥からの柔らかい発声が聞かれるようになります。

　生後３か月頃以降は、のどを使った発声ができるようになり、やがては「パ」、「マ」、「ブー」などさまざまな音（喃語）が出るようになります。また、発声と同時に体全体で、はしゃぐように動く様子も見られます。乳児の聴力は、大人のようにさまざまな音のなかから必要な声や音を選別して聞くことはできず、静かな環境で２つの音の聞き分けができる程度にとどまります（Werner and Leibold、2010 年[2]）。この時期の子どもには、簡潔にゆっくりと語りかけることが大切です。

★　2　Werner, L. A. and Leibold, L. J. "Auditory Development in Children with Normal Hearing". *Comprehensive handbook of audiology*, 2, 2010.

　保護者は、高い声で独特の節回しをつけた語りかけ（「マザリーズ」「対乳児発話」）を行います。多くの保護者は誰に教えられたわけでもなくそうした語りかけをしています。たとえば、赤ちゃんが「アクン」と保護者のほうを向いて声を出すと、保護者は「ア、クン、アクン、ご機嫌だねぇ」、それに答えるように「アーウー」、「なーにー」……と歌うようにやまびこのような調子のかけあいが続きます。関連して、2か月児の発声には歌の要素（抑揚やリズム）が認められるともいわれ（志村・市島・山内、1996年[★3]）、その後歌い方もメロディーやリズムが反復されるなど変化していきます。

　発声のやりとりだけでなく、表情や身振りも合わせた重層的なやりとりが行われます。そうすることで、親子のコミュニケーションが効率よくすすんでいくことを保護者は経験から学んでいるのでしょう。こうしたやりとりを繰り返すことで、赤ちゃんの気持ちを安定させることができ、赤ちゃんからの自発的なコミュニケーションが促されていきます。

③自発的コミュニケーション（約4か月以降）

(1)体や言葉の発達

　生後4か月を過ぎると、視界のなかで動くものを目で追ったり、ものを口に入れたりするような動きも出てきます。大人には出せないほど高い音や低い音、長い音なども発声しては自分で聞いています。「ブー」「プー」などの子音＋母音を盛んに発声します。

　保護者との関わりもさらに強くなり、横抱きでなくて縦抱きにしてほしい、おもちゃを見せてほしいなどの要望も伝えてくるようになります。

　6か月頃から「ママ……」、「パパパ……」、「ババ……」など繰り返し、同じ音が発声できるようになり、7〜11か月は子音が混じ

★3　志村洋子・市島民子・山内逸郎「一歳児の歌唱様発声」『信学技報』1996年

り「ン〜ア」「アバ」など短いはっきりした発声が出てきます。また、それらの発声に対するまわりの表情や反応もよく見ています。

　その後 1 歳頃までは、身体運動の発達がめざましい時期を迎え、おすわり、ハイハイ、つかまり立ち、そして自立歩行ができるようになっていきます。行動範囲が広がり、手指の動きも向上して、ものをしっかり見て手で扱うことも徐々にできるようになっていきます（→第 10 章を参照）。

(2)コミュニケーションの発達

　この時期の子どもは、出会う人や場面によってさまざまな表情を見せるようになり、発声や動きの幅も広がり、大人のまねもするようになっていきます。

　生後 5 か月頃には、知っている人と知らない人の顔を見分け、ほしいものに直接手を伸ばす手差しが表れます。生後 8 か月頃には人見知りが見られます（「8 か月不安」）。初対面の人が訪れると、意識して見ては泣き、離れた場所からも母親につかまりながらおそるおそるその人を見て、目が合うと泣くなどします。

　生後 7〜8 か月以降になると徐々に外界に目をむけ始めます。まわりの大人が指差しで何を示しているか理解できるようになり、指差しと発声が出てきます（→第 10 章を参照）。ものを介した大人とのやりとりができるようになるのです。

　お互いに同じものを見て、その情報を共有したり（「〜ね」「〜いるね」）、それを要求したり（「〜ちょうだい」）するということはコミュニケーションの前進であり、「三項関係」が成立したことを意味します（→第 10 章を参照）。そして新奇なものに出会うと、保護者の視線や顔をうかがい、「これは触って大丈夫か、ダメなのか」を確かめる「社会的参照」もみられるようになります。

事例1　人見知りのAくん（生後10か月）

　支援センターに母親と一緒に来たAくん。人見知りがあり母親の抱っこでじっとスタッフを見つめ、ちょっと緊張しているようでしたが、母親がスタッフと打ちとけて話をするうち、ほかの子どもやおもちゃが気になってまわりをきょろきょろ見まわします。お気に入りの毛布を片手にもち、ハイハイで電車などの動くおもちゃに接近し、「これいい？」というように一度母親を仰ぎ見ます。母親が「電車あったねえ、よかったねえ」とほほえみを返すと、安心したようにそのおもちゃに視線を戻して遊び始めました。母親が「がったんごっとん、がったんごっとん」と言うと、それに合わせて体を揺すり、ときどき声を出して喜びます。帰る時間になると、もっと遊びたいとぐずりましたが、「ちょうだい」とスタッフに促されるとおもちゃをスタッフの手に渡し、バイバイと手を振ることができました。

　このように、保護者が近くにいて、共感してくれることで、安心して新しい遊びに手が出せて、はじめての人とコミュニケーションがとれるようになります。

(3)コミュニケーションと言葉の定着

　生後10か月を過ぎると、「～ちょうだい」（要求）、「～あったよ」（定位）[★4]の意味で指差しが使われるようになります。簡単な指示の理解もできるようになり、（「ちょうだい」「どうぞ」）のやりとりや、身振りをともなうあいさつ（「ありがとう」「バイバイ」など）、体の部位探し（「お目々はどこ？」で目を指さすなど）や生活習慣のなかで使う身振り（手を合わせ「お手々ジャブジャブ」、ほおに手を当て「おい

★4　叙述ともいう。「～あるね」「～だね」と相手に伝える際、子どもは注視し指差す対象を相手と共有している。

しいね」など）をまわりと共有することもあります。上手にできると拍手を求める、うれしいと照れるなど気持ちが行動にあふれでます。そして、生後11か月〜1歳前後になると、たとえば「マンマン」「マー」などを「ママ」の意味で使うなど、発音は不明瞭ながら、はじめて意味ある言葉として一定の発音が出てきます（「初語」）（→第10章を参照）。その後も喃語や意味をもつ語が入り混じって出てきますが、保護者はそれらを言葉として受け取り、ほめてやったりまねをしたりします。すると、子どもは繰り返し同じ言葉を発するようになり、そのような言葉から徐々に定着していきます。また、聞く力も発達してきます。さまざまな音のなかから聞きたい音（言葉）を選び、注意をむける力は、会話をするうえで必要不可欠です。生後9か月〜1歳の時期にいろいろな音を聞く体験をすることで、この力を伸ばすことができます。

　そして1歳頃には、大人の話を集中して聞くことができるようになるといわれており、「お話」や「読み聞かせ」を通したコミュニケーションがより有意義なものとなってきます（サリー・ウォード、2001 年[5]）。

　聴力に関しては、もともと聞きにくさや左右差をもつ子どももいます。しかし、幼児期後半（5〜6歳）になってもそれを自覚できず、いつも話を聞いていないと言われて自信をなくしたり、いらいらして落ち着かないなど情緒不安定になったりすることもあるので注意が必要です（バンディー・レーン・マレー、2006 年[6]）。

④愛着

　これまで、乳児期のコミュニケーションの発達をみてきました。みなさんは、この時期は乳児が保護者と1対1の関係のうえに原初的なやりとりが育っていくことを理解できたことと思います。ここでは、

★5　サリー・ウォード、汐見稔幸監修『語りかけ育児』小学館、2001 年
★6　バンディー、A. C.・レーン、S. J.・マレー、E. A. 編著、土田玲子・小西紀一監訳『感覚統合とその実践　第2版』協同医書出版、2006 年

その基本的信頼関係＝「愛着」に的をしぼり、その重要性を理解しましょう。

「愛着（アタッチメント）」とは、特定の人との信頼関係、絆のことであり、気持ちのやりとりが密接に行われる関係を指していいます。愛着は、コミュニケーションの基盤であるとともに、生涯にわたる発達において重要な意味をもっているといわれています（Bowlby、1969 年）。[7]

安定した愛着が保護者と築けた場合、その後も安定した信頼関係を他者と結ぶことが多いようですが、愛着が未熟で不安定だった場合は、その後も類似した関係をもってしまう傾向があります。そうした場合には、情緒は不安定になりやすく、精神面や社会性、コミュニケーションの発達にも影響を及ぼします。だからこそ、初期に構築される愛着は安定したものであることが大切なのです。

事例2　生後1〜2か月のAくんと母親

　生後1か月のAくんは、お昼寝のあと目が覚めて、もぞもぞしていました。そのうち声が出て、抱っこされると母親の顔をじっと見つめています。柔らかな雰囲気のなかでAくんがたびたび笑顔になり、母親もそれを受け入れるようなほほえみを浮かべていました。

　生後2か月になると、バウンサーの上でご機嫌で手足を盛んに動かします。1か月前と比べ、少し離れた位置から母親を見て反応しています。いろいろな声を出していましたが、途中で泣き声に変わると母親が「どうしたの〜？」「そうか、おっぱいほしかったね」と抱き上げてあやし、授乳をしました。しばらくあとには、

★7　ジョン・ボウルビィは、イギリス出身の医学者、精神科医、精神分析家で、精神分析学や児童精神医学を専門とし、愛着理論を提唱している。
　　Bowlby, John *Attachment and Loss*. Basic Books, 1969.

また笑顔が出て「アー、ウー」と発声しています。

生後1か月　　　　　　　　　　　　生後2か月

※生後2か月、信頼関係が築けたことで、母親から少し離れた距離でも子どもは安心している。

　では、愛着の形成について順を追ってみていきましょう。

　生後3か月までは、特定の対象にしぼることなく、どの人に対しても泣いたりほほえんだり声を出したりします。その後6か月頃までには、よく関わる対象である保護者にむかってそうした行動をとるようになります。それ以後、明確に対象をしぼり自分から関わるようになっていきます。それにともなって人見知りも表れます。

　愛着行動としては、次のようなものがあげられます[図表11-1-3]。

　前述の通り、新生児期から保護者とのコミュニケーションのきっかけをつくり、気持ちがつながることを強化するようなしぐさや表情によって、保護者側もそれに呼応するようにこまめにスキンシップをとり、声かけをするなど寄り添う反応を繰り返していきます。その過程のなかで親子間の相互関係はゆるぎないものになっていきます。

　愛着形成においては、情緒的な共感や反復的な呼応が特に大切な要素です。つまり、不快なときには嫌な気持ち、快のときには安らいだ気持ちを共有します。たとえば、おむつ交換のときには、「嫌だったね、気持ち悪かったね」、交換が終わったら「きれいになってホッとしたね、よかったね」と気持ちを調整する語りかけをすることが欠かせないの

[図表 11-1-3] 愛着行動

定位行動 （0～6か月）	声や物音から親のいる場所を探す。
信号行動 （0～6か月）	泣いたり、発声したり、笑ったりしてみせることで相手の注意をひきつける。
接近行動 （6か月～）	お乳を吸う、接近する、しがみつくことで相手との接近を維持する。

です。その働きかけにはスキンシップや表情、身振り手振りも含まれます。

2 コミュニケーションを育むための働きかけ

1．保育現場での関わり方

①信頼関係づくりに有効な活動

　保育現場でも子どもと基本的信頼関係を構築することからコミュニケーションが始まります。

　以下に示したのは、コミュニケーションの土台＝信頼関係づくりに役立つ遊び・活動例です［図表 11-2-1］。

[図表 11-2-1] 信頼関係づくりに役立つ遊び・活動例

（1）手遊び歌、わらべ歌	スキンシップをとる・繰り返す動作や音で楽しさを共有する。
（2）抱っこでダンス	抱っこでゆっくり揺らす・回転する。
（3）ベビーマッサージ	スキンシップをとり、情緒の安定を図る。
（4）まねっこ遊び	子どもの動きや表情、発声をまねして、呼応を楽しむ。

　それでは、詳しくみていきましょう。

（イ）手遊び歌、わらべ歌

使用曲	「いないいないばあ」、「一本橋」、「パン屋さん」、「ペンギンさんの山登り」、「いとまきの歌」、「おつかいアリさん」、「きらきら星」、「雨雨ふれふれ」、「おふねはぎっちらこ」「がたがたバス」など。 リズミカルなものやペンタトニック（五音）、繰り返しのフレーズが含まれるもの、反復する動き・ビート感が感じられるもの。
方法	歌唱だけでなく手遊び、感覚遊び（触覚・揺れ刺激・ロッキングや方向転換）、リトミックなど　1対1〜集団の活動を行う。 歌は、声とピアノやギターなどによるシンプルな伴奏（メロディーのみ・コードのみ）、録音よりも生演奏が効果的。

（ロ）抱っこでダンス

使用曲	「ゆりかごの歌」、「ぞうさん」、「ユモレスク」（ドヴォルザーク）、クラシックの子守唄などおだやかな曲調（ゆったりとしたテンポとハーモニー）の曲（歌詞があってもなくてもよい）。
方法	曲に合わせ、子どもを抱きながらゆっくりとダンスを行う。抱き方は子どもの発達状態に合わせ、横抱きでも縦抱きでもよく、向き合って目が合うようポジションを調整する。表情を見ながら動きを加えていく「子どものみを揺するのでなく、体を密着させて保育者の体を軸として一体化したロッキング運動をする」。揺れ幅は小さめに前斜め、後ろ斜め方向を変えてみる。ときどきゆっくりと回転する。

（ハ）ベビーマッサージ

使用曲	オルゴール、ピアノやギター、自然の音などが含まれるおだやかな曲調のもの（音楽はなくてもよい）。
方法	BGM は音量をしぼってかける。照明を落としカーテンで遮光、室温を調整する。雑音、騒音はなるべく入らない静かな環境で行う。音楽のはじめと終わりは唐突に途切れることがないよう、CD プレイヤーでフェードイン、フェードアウトの操作をする。子どもに「これから身体を触るよ」と話しかけながら、頭頂から足のつま先に向かって、体幹から末端、背面から前面に向かって、（顔面など敏感な部分は様子を見ながら）、一定の圧をかけながらゆっくりとマッサージする。「○○ちゃん、気持ちがいいね」などとやさしく声をかけ、表情や反応を観察しながら行う。なお、着衣の上から行ってもよい。

※エアーズ（1982）によると皮膚表面を軽くタッチするよりも、深部に届くように強めに押していくほう（深部圧覚）が快刺激とされる。手のひらの届く範囲を押し、そのたびに手を離してずらし、繰り返すほうが心地よいといわれている。

（二）まねっこ遊び・逆模倣（子どものまねをする）

表情		あかんべ、あっぷっぷ、笑顔、泣き顔など。
声	語尾	いないいない「ばあ」、どっこい「しょ」、よ〜い「どん」など。
	鳴き声	（怪獣やライオンをまねて）「があ〜」、ぶた「ぶ〜」、犬「わんわん」など。
	擬音・擬態語	泣き声「え〜ん」、車「ぶーん」。 （おしまい）「ちゃん、ちゃん」、「ばい、ばい」、「ない、ない」など繰り返す音、ものが落ちて「あ〜あ」「う〜ん」（高低差、力が入ったり抜けたりする拍子のような音）など。
身振り		両手で顔を隠す（いないいない）、頬に手を当てる（おいしい）、手を振る（おーい、バイバイ）、両手を出す（ちょうだい）、かいぐり（くるくる、ころころ）、両手グーを合わせる（とんとん、こんこん）、両手パーを合わせる（ぱっちん、ぱちぱち）など。

活動例1：繰り返される音・言葉とリズムをつなげて、音・歌遊びを即興でつくってみましょう。そこに身振りを合わせイメージを共有してみましょう［（イ）手遊び歌、わらべ歌］。

・沐浴のあとで、体をタオルでふく場面

　♪足を、「ふ〜きふき」、反対も、「ふ〜きふき」、腕も、「ふ〜きふき」、おしりも、「ふ〜きふき」で「ぽん、ぽん、ぽん」（仕上げ）

　♪ごしごしロックンロール[★8]

活動例2：物音や鳴き声をテーマにさまざまな音声を表現してみましょう。子どもの声や動作をまねしてみましょう［（ニ）まねっこ遊び、逆模倣］。

・♪ペンギンさんの山登り「ぺったんぺったん」、くま「のっし、のっし」、ねずみ「ちょろちょろ」

・鐘が「ご〜ん……」（厳かで太く低い声、余韻　※音量に注意）、フィンガーシンバル「ちりりりん」（軽やかで短い高い音）

[★8]　「ごしごしロックンロール」（作詞作曲・白石ゆう子）。歌にあわせて、からだの部位を順にこする、歌あそびの一つ。応用して、さまざまな触覚教材（スポンジやブラシ）を用いたり、入浴・沐浴時に探索を促したりすることが可能（出典：城谷敬子・大上和成『必ずラポールが築ける50のリズム歌あそび』あおぞら音楽社、2009年）。

・♪犬のおまわりさん

おまわりさんの心配そうな「ワンワン」「ク〜ン」

迷子の子猫ちゃんが泣いている、か細い「ミィ〜」「ニャ〜ン」、(再会場面を加えて、お父さんお母さんと再会できたときのうれしそうな元気で明るい「ニャン！」)

　保育現場では、子育て支援センターが併設されるなど、親子に対しての活動も展開されています。前述したものを応用してみましょう。

　また、そうした活動において、親子間の愛着形成が難しいケース(産後うつなどで精神面が不安定だったり、親子間のリズムがかみ合わなかったりするなど)に出会うかもしれません。その場合は、まず保護者の悩みを傾聴し受け止めましょう。そのうえで、モデルを示したり、具体的な関わりのポイントを助言したりして、保護者の努力を認めたり、励ましたりなどして円滑に親子間の関係・やりとりの基盤ができるような支援をしていきましょう。

　保護者が疲れやストレスを抱えている場合には、ストレッチやリラクゼーションの活動を取り入れたり、親子の絆がテーマの絵本や歌を取り上げたりして保護者の気持ちをほぐし、相談しやすい状況をつくりだす工夫をしてみましょう。

②コミュニケーション・発声・発語を促す支援

　この時期の子どもは、自分の気持ちや状況を言葉にして伝えることは難しいため、保育現場では保育者が一人ひとりを観察し、彼らの気持ちや状況を把握する努力を続けることが大切です。時には、特に理由が思い当たらないのに大声で泣きじゃくる子どもを目にするかもしれません。そんな場面では、そのままの姿を受け止め働きかけましょう。ふだんから、スキンシップをとったり話しかけたり、返事や発声のまねをしたりして安心感を提供し、徐々に信頼関係を築いていけるようにします。また、指示を出すときには、早い口調でたくさん話し

[図表 11-2-2] 聞くことや発声を促す遊びの例

どんな音？	水や小豆、鈴を入れたいくつかのペットボトルを振る・紙を破る・枯葉の上を歩く・小型の楽器を鳴らす・ホイッスルを吹く、トーンチャイム（振動、余韻、長い音の終わり、その後の静けさにも耳を澄ますなど。
言葉遊び（オノマトペ）	ボールを転がし「コロコロ」・放って「ポーン」・叩いて「ポンポン」・子どもを抱きしめて「ぎゅっぎゅっ」など。
せーの！（よいしょ！）	かけ声に合わせた動作（押す、引く、出す、入れるなど）を一緒にする。
ふれあい遊び・手遊び歌	いないいないばあ・一本橋こちょこちょ・きゅうりが1本ありました・大型バスなど。 「ばあ」や「こちょこちょ」の前、「さあ、くるよ」というように視線を合わせて間合いをとる。
交互唱的な呼応を楽しむ遊び	「やまびこさん」、「お母さん」など。即興でも。 ヤッホー……「やっほ〜」、お母さん……「なあに」 やりとりのきっかけづくりとして使用できる。

かけるよりも、おだやかな口調で感情が伝わるよう話しかけることがより効果的といわれています（日本赤ちゃん学会、2017年[9]）。図表11- 2- 2に聞くことや発声を促す遊びの例を示します。

★9　日本赤ちゃん学協会編、小西行郎・小西薫・志村洋子『赤ちゃん学で理解する乳児の発達と保育　第2巻　運動・遊び・音楽』中央法規出版、2017年

２．探索行動の支援

　保護者との愛着が形成される約8か月以降には、保護者を安全基地として、興味をもった外界の対象に目をむけていきます。探索行動がスムーズに開始されるためにも、安心できる環境を整えることは大事なことです。人見知りや場見知りの強い子どもの場合には、緊張が強いためになかなか探索にこぎつけないこともあります。親子関係の支援をしながら、子どもに合わせた環境づくりと緊張をほぐす関わりが必要です。

　探索の様子について、前述1の③（2）（187頁）のAくんの例をみていきましょう。最初は保護者に抱っこされながら、興味のある人やおもちゃをみつけ接近を試みています。子どもは、おもちゃは気になっても、ちょっと不安になると頻繁に保護者のところに戻ってきています。そんな子どもに対し、保護者はゆったりと見守りつつ励まします。

　このような経験を重ねるうち、保護者側も子どもの興味を引く物事に関心をもち始めます。そして、より積極的にリードして楽しい場面では、子どもと一緒に笑い合ったり声をかけたりして、その場の雰囲気を長く保とうとするようになります。

　探索を促すためには、子どもが過ごす環境にも目を配る必要があります。保育所の室内は、十分なスペースがあること、雰囲気がゆったりとしていること、そして特に騒音がないことが望ましいといえます。音とその音源に注意をむけ始める時期（6〜9か月頃）には、静かな環境でそれぞれの音がはっきり聞こえるよう配慮することが大事だといわれているからです（サリー・ウォード、2001年[10]、日本赤ちゃん学会、2016年[11]）。

★10　サリー・ウォード、汐見稔幸監修『語りかけ育児』小学館、2001年
★11　日本赤ちゃん学会監修、小西行郎・志村洋子・今川恭子ほか編『乳幼児の音楽表現』中央法規出版、2016年

[図表 11-2-3] 騒音の学校環境衛生基準と保育室の実際

学校環境衛生基準	閉窓時 LAeq（等価騒音レベル）50dB 以下、 開窓時 LAeq 55dB 以下
保育室の実際 （該当する音量）	自由な遊び時：70 〜 80dB（騒がしい街頭） 活発な遊び時：90 〜 100dB（列車通過時高架下の轟音） マーチングバンド練習時：110 〜 130dB（自動車のクラクション、杭打ち、ジェット機の離陸時の音量）

小西行郎・志村洋子・今川恭子ほか『乳幼児の音楽表現』中央法規出版、2016 年の一部を改変して記載

　保育現場は集団生活の場であり、ほかの部屋からも絶えず音が行きかっている状況が多いですが、大音量を長時間浴びることで難聴になる可能性も指摘されているので注意が必要です［図表 11- 2- 3］。乳幼児に聞かせる音は、55 〜 65dB（会話くらいの音量）が適切といわれています（アメリカ小児科学会）。他国では、保育現場の環境構造を整えたり、音量がコントロールされた打楽器が使用されるなどの試みがなされています。

3．遊びのなかで自己表現を促す

　0歳後半になると、指示理解が進み、簡単な指示を聞いてお手伝いをしたり、身振り手振りのやりとりがスムーズになったりしてきます。それらに加えてリトミックや手遊び歌、自由遊びでは、身近な人や動物、生活習慣やお手伝い、季節などをテーマに、ジェスチャーや身振りをともなう、動きに合わせて声を出して楽しめる豊かな身体表現の活動を提供しましょう。そうした活動を通じて触覚刺激や運動などによって得られる揺れ刺激などが十分に経験できると、発達全体が促されていくといわれています（ジェーン・エアーズ、1982 年）。[★12]

　さまざまなことに気づくきっかけが与えられる環境を整え、子ども

★12　ジェーン・エアーズは、アメリカの作業療法士で、さまざまな感覚を脳が整理する「感覚統合」に基づき、発達障害児の治療法を開発した。
　　ジェーン・エアーズ、佐藤剛監訳『子どもの発達と感覚統合』協同医書出版、1982 年

たちそれぞれが自由に感じて表現できることをともに喜ぶことを大事
にしたいものです。以下、そのような実践についてみていきましょう。

事例3　口や手で楽しむ生後9か月のBくん

　ブロック、なかでも丸い形のブロックが気になる生後9か月の
Bくん。遠くからハイハイでやってきて、ブロックをもち上げ、
床の上に落としクルクル回るとうれしそうに笑います。「上手だ
ね〜」と言われると保育者と目を合わせ満面の笑みがこぼれます。
最近は、この遊びがお気に入りで繰り返し同様の遊びをしていま
す。Bくんに対して保育者は「くるくる〜」「と〜ん、ころころ〜」、
動作に乗せて「はいどうぞ〜」「ちょうだい」などとやりとりの
言葉をかけており、Bくんはこれらの言葉を聞いています。また、
保育者と目を合わせる瞬間に多くを共有しています。（言葉にす
ると）「イマノミタ？」「デキタ」のような視線の投げかけに、保
育者は「うれしいねえ」と笑顔や身振りも交えて答えます。

事例4　トランポリンでゆ〜らゆら

　生後11か月のDちゃんは、室内遊びで出されたトランポリン
を遠目に見ていましたが、保育者に抱っこされ乗ってみると揺れ
るので、最初はびっくり。表情もかたくなり緊張していましたが、
まわりのお友だちがきゃっきゃとはしゃいでいるのを見て、D
ちゃんもだんだん慣れて「ア〜」「ワ〜」と大きな声をあげ笑顔

になりました。一度トランポリンから降りたのですが、近くでじっと見ています。保育者に「楽しいよ、おいで」と声をかけられ、今度は自力ではい上がり、おしりを使ってリズムよく体を前後に動かし、弾むように遊び始めました。

　これらの事例では、新しい感覚の刺激を受けることで、子どもたちの探索行動が広がり、遊び方も増えていく様子がわかると思います。また、子どもたちは遊びながら、保育者の言葉を聞いています。

　BくんやDちゃんは言葉をかけられているとき、保育者の表情や声の調子から「安心して遊んでね」、「私も一緒に遊べて楽しいよ」といったメッセージも受け取っています。これは「パラ言語」といわれ、乳幼児にとって雰囲気や状況を読み取るサインとなっています（日本赤ちゃん学会、2017 年）。保育現場では、あわただしい場面も多いですが、子どもへの話しかけは、おだやかに気持ちを伝えるような調子で行いたいものです。

　これらのエピソードで、遊びのなかで子どもが主体的に相手と楽しさを共有したり、その楽しさを自発的に伝えたりしたいという気持ちが高まっていることをみなさんも感じたことでしょう。その高まりが発声や自発的コミュニケーションにつながっていきます。安心して自分の気持ちを表す発声、表情や行動がますます増えていき、そして自信や自己有能感を伸ばすことにもつながっていくのです。

演習課題 ⓫

事例研究・言葉と文字の獲得

　子どもたちが言葉を使えるようになるには、どのような道筋をたどるのでしょうか。次の①、②について具体的な場面を考えてみましょう。

❶ 子どもは、どのようにして言葉と出会い、言葉への関心を深め、言葉を獲得していくのか。

❷ 子どもは、どのようにして文字と出会い、文字への関心を深め、文字を獲得していくのか。

・・・・・・・・・・・・・

■みなさん自身の子ども時代を振り返ってみましょう。

●「幼児期の終わりまでに育ってほしい姿」の、

> (8) 数量や図形、標識や文字などへの関心・感覚
> 　遊びや生活の中で、数量や図形、標識や文字などに親しむ体験を重ねたり、標識や文字の役割に気付いたり し、自らの必要感に基づきこれらを活用し、興味や関心、感覚をもつようになる。
> (9) 言葉による伝え合い
> 　先生や友達と心を通わせる中で、絵本や物語などに親しみながら、豊かな言葉や表現を身に付け、経験したことや考えたことなどを言葉で伝えたり、相手の話を注意して聞いたりし、言葉による伝え合いを楽しむようになる。

を参考にしましょう。

アクティビティ ⑪

課題　忙しい保育者

　隣同士でペアになり、それぞれ忙しい保育者と子どもを演じてみましょう。

◆その①

● ペアをつくり、先生役と子ども役を決めます。

● 先生は忙しそうに書類を見ています。子どもが先生に話しかけても、先生は子どもを絶対に見ません。「あぁ、そう」「ふーん、よかったね」などと、あいまいにうなずくだけ。それでも子どもは、発見したこと、びっくりしたこと、困っていることなどを一生懸命に話しかけます。

● 1分たったら終了です。

◆その②

● 先生は忙しそうに書類を見ています。子どもが先生に話しかけると、先生は仕事を止め、子どもをしっかりと見つめます。しかし、言葉は発しません。適度にうなずいたり、驚いたりしながら、表情豊かに対応します。子どもは、発見したこと、びっくりしたこと、困っていることなどを一生懸命に話しかけます。

● 1分たったら終了です。

・・・・・・・・・・・・

■ このアクティビティを振り返り、感想を伝え合いましょう。

【振り返りのポイント】

● コミュニケーションの2つの形態（言語的コミュニケーション、非言語的コミュニケーション）を体験していただきました。

● 1と2で、子どもの気持ちはどのように変化したでしょうか。

● 保育者は、子どもとのコミュニケーションに際し、どのようなことを心がけるとよいでしょうか。

話し言葉の機能と発達

この章で学ぶこと。。。

● 話し言葉を獲得していく経過と基本となる力について理解しよう。
● 園生活のなかで話す力を育てる保育者の援助について理解しよう。

学びのキーワード

話し言葉　　コミュニケーション力　　考える力
日常生活に必要な言葉　　一次的言葉と二次的言葉

1 「話す」ということ

1. 日常生活に必要な言葉とは

　「幼稚園教育要領」第 2 章「ねらい及び内容」より、領域「言葉」の保育内容のねらいにある「日常生活に必要な言葉」について考えてみましょう。

　3〜5 歳の生活をイメージしたとき、どんな言葉が必要でしょうか。たとえば、次のような言葉や言い回しが浮かんできます。

①「おはよう」「こんにちは」などの状況や場面・相手に合わせた
　あいさつ
②「ありがとう」「ごめんなさい」など、人との関係をスムーズに
　行うための言葉（「貸して」「いいよ」「入れて」などもあります）
③「うれしい」「楽しい」「困った」など、自分の感情を表現する
　気持ちの言葉
④「ねこ」「チューリップ」「スイカ」「ご飯」などものの名前（語彙）
⑤「これ」「あれ」「あっち」など、指差しとともに使われること
　が多い言葉

⑥「○○したい」「○○がほしい」など、自分の要求や考えを伝える言葉

　まだまだ、ほかにもいろいろあるかと思いますが、これらはコミュニケーション力に関連する言葉ですし、④は知的な力に結びついていく言葉の群です。日常使われる言葉のなかに、さまざまな力を得られる要素があります。

2.「話す」ということ

　「言葉とは何か」という問いについては、さまざまな視点があります。中川は、「話し言葉と書き言葉という分け方があります。これに手話や身振り言語を加える場合があります」と述べています。また、「思考の道具としての言葉、コミュニケーションの道具としての言葉、人を動かす道具としての言葉、感情表現としての言葉に分ける場合がある」（中川、1986年[1]）という指摘をしています。

　また、言葉のメカニズムからいくと「Language」（言語：脳のなかで行われるさまざまなプロセスを中心とする話したいことの中身を、頭のなかで考えるための言葉）と「Speech」（音声言語：音声を手段として用いる言葉のことで、耳で聞くことができる言葉）に分けられます。

　この章のテーマは「話し言葉」ですが、話し言葉には話すことを通じてコミュニケーションが豊かになり、他者理解を深めることができる機能があります。話す＝対人関係というイメージをもつことが多いかもしれません。

　また、話すことをもとにして、言葉を思考の道具として使うことがあります。「これを折って、そのあとテープでくっつけて」など制作の際につぶやきながら廃材で車をつくったり、「忍者は横走りだよ」など、

★1　中川信子『ことばをはぐくむ』ぶどう社、1986年

友だちと共通のイメージをもった遊びのなかで、見通しをもったりするなど、活動を見通し考える力が育ちます。ほかに対象を特定したり、難しいことに挑戦したりするときに、「よし！」「がんばるぞ」など、自分の行為を言葉で表すことにより、行動を調整する機能もあります。

　コミュニケーションの機能は、伝えたい内容と聞いてくれる相手がいて、その三者関係のなかで成立する言葉のやりとりで成り立ちます。報連相（報告・連絡・相談）とは異なり、コミュニケーションでは、気持ちのやりとりが重要なのです。そのため、子どもの話したい内容を繰り返したり、整理したりしながら聞くなど、大人の共感的な応答性が子どもの話す意欲と話す力を育てます。また、大人と話すことで、知らない言葉への関心が高まります。子どもの言葉の力を伸ばす技法として、「ミラーリング」[2]、「ダブル」[3] などがあります。

事例1　祖父と映画に行った子どもの話を聞く

子ども：ジイジがね、ポップコーンを買ってくれたの。○○の人形がついていたんだよ。

祖母：そう、ポップコーンを買ってくれたの。おいしかった？

子ども：うん、おいしかったよ。ママと行くときはあんまり買わないよ。

祖母：そう、おいしかったの。よかったね。○○のお人形もついていたの？

子ども：そう、おまけで、特別だって。

祖母：そう、おまけで、特別なの。ジイジも気前がよかったね。

子ども：え？　気前って？　何？

　祖母が子どもの言葉を繰り返し、少し言葉を加えています。繰り返

★2　ミラーリングとは、相手の言葉や行動をそのまままねること。
★3　ダブルとは、相手の言葉に少し言葉を加えたり、動作を加えたりすること。

しながら、「おいしい」「よかった」など気持ちを表す言葉を添えています。子どもにとって、知らない言葉に気づいていくきっかけにもなっている会話です。

3．話し言葉の発達

①話し言葉の理解（1歳児）

　言葉を「話すこと」に焦点を当てて、話し言葉の発達について概観していきましょう。

　第10・11章で確認したように、1歳のお誕生日の前後2か月ぐらいで、「ママ」「マンマ」など意味のある言葉を1つぐらい言うようになり、いろいろな音を発声し、人に伝えようとします。1歳6か月児健康診査の前後では、「ブーブ」「ワンワン」「クック」など意味のある言葉（有意語）を5つぐらい言うようになります。そして、2歳前後で「パパ　キタ」「オソト　イク」など、2つの言葉をつなげて話す（2語文）ようになるのが標準的な発達といわれています。

　はじめて発する言葉らしい言葉（始語・初語）を発するのは、1歳前後ですが、言葉を発する前に話すことの基礎的な力が蓄えられています。この頃の子どもと周囲の大人とのやりとりでは、大人は下記のように応答的な関わりをしていることがわかります。このような、子どもの言葉の力を伸ばす対応法を「インリアル法★4」といいます。

1）大人は子どもの言った言葉を繰り返す

2）大人は子どもの発した音をまねして、そのまま繰り返す

3）子どもが何を言っているか明瞭でない場合は、想像し通訳する

　この時期、大人が「おやつが終わったら散歩に行きましょう」と話していると、外を見て指差しをしたり、子どもが自分から帽子をとりにいったり、大人の言葉を「わかっている！」と感じることが増えます。

★4　インリアル法とは、子どもに強制したり、誤りを指摘して訓練したりするのではなく、自然な遊びや生活のなかで、言葉の力を伸ばしていこうとする方法。アメリカのコロラド大学のワイズ博士らを中心に企画・実践された言語発達促進のためのプログラム。
In-Class, Reactive, Language Therapy. 中川信子『心をことばにのせて』ぶどう社、1990年

生活のなかで実際の行動と言葉が結びついていくのです。そして、「お外に行こうか」と聞くと、にこにこして体を弾ませます。大人の話す事柄がわかり、その事柄と言葉が一致していくことが言語理解の土台となります。

②体験に結びついた言葉の表現力（1歳半〜3歳児）

1歳半から2歳にかけては、自然に発する言葉が50を超え、特に2歳台には「言葉の華が咲く」といわれるほど、爆発的に語彙を獲得していきます。また、3歳を過ぎると言葉の理解の面では、日常の生活には困らないようになっていくといわれています。盛んに「コレ何」「○って　何」などと聞くため、質問期（命名期）ともよばれています。同じことを聞かれても、きちんと対応し、唐突にみえる質問にも誠実に答えましょう。正解を求めているわけではなく、質問すると大人が答えてくれるという関係が重要です。また、ただ言葉をかければよいというわけではなく、子どもの興味や関心に大人が心を寄せ、子どもの気持ちを感じとりながら言葉をかけましょう。

3歳以上のクラスになると、子どもたちは年齢なりの特性をもって、園での生活をするようになります。3歳児のクラスでは、自己を発揮し、好きな遊びや好きな先生・友だちと遊び、自分の居場所を定めていきます。まず、保育者との信頼関係をつくり、環境に慣れていくなかで、園での生活の仕方を覚えていきますが、自分の気持ちや考えを言葉で表すには、保育者の手助けが必要です。実際の体験と結びついた言葉の表現力がつき、場面に合わせ話す経験を積んでいきます。

事例2　帰り支度（3歳児クラス）

　金曜日の帰りの支度は忙しくなります。絵本袋に座布団を入れる、カラー帽子や上履きをもって帰るなど、ふだんの日には行わない活動があるからです。X先生は、言葉での説明だけでは難しいので、「次は絵本袋だよ。そのあと、上履きをしまいましょう」

と伝えながら絵で示し、子どもたちが順番に片づけていけるように工夫しています。Aちゃんがもじもじしているので、X先生が「Aちゃんの絵本袋はここにあるよ」というと、Aちゃんは「はーい、X先生ありがとう」と返事をしました。

言葉の理解度に個人差があるので、保育者は言葉と一緒に絵なども活用しながら手助けをします。

③他者の気持ちの理解（4〜5歳児）

4歳児クラスになると、目に見えない人の気持ちやこれから起こる出来事などを想像して行動するようになります。他者の気持ちに気づき、自分とは違う思いがあることやしたいことも異なることなどを実感していきます。まだまだ自分の気持ちが優先し、「イヤ」とか「シナイ」など行動を調整することが難しいのですが、保育者に自分の気持ちやつもりを聞いてもらい、言葉をかけてもらうと落ち着いて人の話を聞くこともできます。

事例3　三輪車に乗りたい

Bくんが園庭で三輪車に乗っていると、「僕も乗りたい」とCくんに言われました。Bくんが「まだだめ」と言うと、スピードを出して砂場のまわりをまわり始めました。Cくんは諦めきれず、「貸して」と追いかけます。「貸して」「嫌だ」のやりとりを見て、Y先生が「Bくん、Cくんが乗りたいって」と言うと、Bくんは「だって、まだちょっとしか乗ってない」「昨日乗ってない」などと言います。そこで、Y先生が、「そうなの、昨日乗りたかったけど乗れなかったの。それで今日たくさん乗りたいのね」と言うと、「そう、昨日乗れなかったから、今日たくさん乗りたいんだ」と、Bくんは自分の思いを話すことができました。

　5歳児になると、小グループの活動や集団としての意識が高まります。自分の思いはありつつも、気持ちを調整していくことができるようになります。他者の観点から物事を考える能力がつき、相手に合わせて表現を変えたり、自分の言ったことが伝わったかをモニターしたりしていきます。

　5歳児の保育では、テーマを決めてグループで活動することや、役割分担して活動するなどの協同的な遊びのなかで展開する活動がたくさんあります。話し合いの場面もたくさん出てきます。そこでは、話し手と聞き手の役割を交代しながら、自分の思いつきや考えなどを言葉で表現することや、友だちの話の内容を聞きとり、意味を理解するなどの力をつけていきます。この力は、自我の形成につながるといわれています。

事例 4　夏祭り

　夏祭りの出し物について、5歳児で話し合いをしました。今年の夏祭りは「動物」がテーマなので、動物のゲームをつくることになっています。Dくんは恐竜が好きなので「恐竜のころころゲームがやりたい。火山や砂漠をつくって、そこに恐竜を描いて、点数をつける！」と提案しました。すると、次のような疑問や考えがグループのメンバーから出されました。

Eくん：恐竜って動物？

Fくん：あんまり大きいと、チューリップさんはできないよ。

Gちゃん：恐竜も動物だよ。どんな恐竜を描くの？　小さい子は怖がらない？

Dくん：かわいく描けば大丈夫だよ。ビー玉じゃなくてボールにしようか？

　このように、子どもは周囲の大人や友だちとの関わり合いなど生活

を通して、必要な話し言葉を獲得していきます。遊びのなかで語彙を獲得し、場面や状況に応じて話すことで、自分の思いが通じていく実感が次の場面でも話してみようとする意欲につながります。

　各年齢でそれぞれの発達に応じ、言葉を理解する力や言葉を表現する力に特徴があることが理解できたでしょうか？

　皆さんも実習やボランティア体験で出会った子どもたちがどのような言葉を使っていたのか、どう自分の気持ちを表現していたのか、子どもの理解を深めるためには記録する際、「そのまま書いておく」ことが望ましいといえます。

4. 考える力を育てる

　幼児期になると言葉は思考する力と出会い、言葉と思考が密接な関係を結ぶことになります。言葉と出会うことにより、思考は広がりや深まりをみせることになります。言葉により対象を特定して名づけたり（ラベリング）、それを自分のなかでまとめたり（カテゴリー化）、客観化したり、論理化したりすることを可能にする思考の道具としての働きが言葉にはあります。

　ヴィゴツキーは「言葉は、最初社会的コミュニケーションとして用いられ、次に自己自身への発話とか、行動を導くための心の道具として内面に向かう」と説明しています。こうした言葉の機能から、言葉は2つに分けることができ、1つは伝達の手段としての言葉「外言」で、もう1つは思考の手段としての言葉「内言」とよびました。この内言が幼児期に集団のなかで多くみられます。そのことから、「社会との関わりのなかで生じる言葉が自分の頭のなかで整理できるようになる過程で現れてくるのが内言である」と考えました。[★5]

　よって、3歳頃のひとりごとは、外言が徐々に内面化される不完全

★5　L. E. バーク、A. ウインスラー、田島信元ほか編訳『ヴィゴツキーの新・幼児教育法』北大路書房、2001年

な内言と考えられます。そして、「5〜6歳頃には、思考は言語と出会うのである。子どもはこの頃から、考える道具として言葉を用いることができるようになるのである」としています。日常生活のなかで、どちらにしようか悩んだり、相手の気持ちを推し量ったり、心のなかであれこれ考えたりするときにも、子どもは言葉を使って考えていきます。つまり、自分の頭のなかで整理しながら言葉を発するというプロセスのなかで、考える力が育っていくといえます。

　また、幼児期の話し言葉は、主に今ここに一緒にいる人と共有する場があって展開する、目の前の具体的な事物について述べる言葉です。給食のときには、「サッカー、またやろうね」「今日のおかずは、同じ卵だね」など共通の体験を話したり、「昨日○○の映画を見た」「私もこの前見た」などと情報を交換したりして、共感しながら会話を進めていきます。このような共通の場面での言葉を岡本は「一次的言葉」とよんで、幼児期までの言葉と児童期以降に獲得される言葉は質的に異なると説明しています［図表12-1-1］。

　「一次的言葉」とは、身近な人とのコミュニケーションのなかで、「聞く」「話す」を会話形式で行う話し言葉を指します。ある程度共通の経験があることから、詳しい説明がなくとも成り立ちます。それに対して「二次的言葉」は、不特定の人に伝えることが目的ですから、必要な情報を文脈に沿って話すこと・伝えることが求められます。ここでは、書き言葉が重要な役割を果たしていきます。また、二次的言葉を使うには、自分が知っていることと相手の知っていることの区別が必要になります。

事例5　生活発表会の報告

　5歳児のクラスは、生活発表会の劇づくりで5つのグループに分かれています。帰りの会で、今日はどこまで準備ができたかを各グループのお当番さんが交代で、皆に伝えました。

> 子ども：僕たち探険チームは、今日は地図をつくりました。大き
>   くつくったので、難しかったです。
> 子ども：私たち手品チームは、衣装をつくりました。きらきらの
>   かわいい色の衣装ができました。次は帽子をつくります。

　このような劇づくりの場合、小グループに分かれた活動では、それ
ぞれが別の場所で、話し合いを重ねながら、製作することが多々あり
ます。その際、保育者は「誰が」「どんなつもりで」「どのようなことを」
行って、明日は何をするの？　などの質問をはさんで、一緒に活動し
ない子どもたちにも伝えられるように援助しています。

[図表 12-1-1] 一次的言葉と二次的言葉の特徴

コミュニケーションの形態	一次的言葉	二次的言葉
状況	具体的現実場面	現実を離れた場面
成立の文脈	言葉と状況文脈	言葉の文脈
対象	少数の親しい特定者	不特定の一般者
展開	会話式の相互交渉	一方的自己設計
媒体	話し言葉	話し言葉・書き言葉

岡本夏木『ことばと発達』岩波新書、1985 年

2　園生活で話す力を育てる

1. 話す力を育てる環境

　話し言葉の機能や発達の様相が理解できたところで、実際の園での
生活を通じて、話す力を育てる環境と保育者の関わりについて考えま
しょう。
　話す力を育てるために必要なのは、まず、子どもの「聞く力」です。
そのために保育者にも「聞く力」が求められます。
　では、何を聞くのでしょうか。　たとえば、ブランコの順番をめぐっ

ていざこざがあったときなど、「何があったのか」と、保育者が子どもの気持ちを聞きとろうとして状況を聞いている場面にときどき出会います。しかし、子どもが自分の気持ちや起こったことを話すのは難しいことです。保育者が詳しく聞けば聞くほど、何を話せばよいのか混乱します。そこでは、保育者が子どもの言葉に耳を傾けるという姿勢で聞くことが重要です。よく聞き、子どもの言うことを繰り返しながら、表現された言葉だけではなく、「そうなの、ブランコに乗りたかったのね。昨日乗れなくて今日も乗れなくて、それで大きな声になったのね」など、子どもの生活をとらえて、言葉を足しながら子どもに関わります。そして、子どもは保育者の言葉に耳を傾けて「そうか、こういうふうに話せばいいんだ」と学んでいきます。

　保育の場で、子どもたちが話を聞いていないとき、だんだん保育者の声が大きくなり、ついに保育者の声が怒鳴り声のようになるという場面があります。子どもが「聞く」ためには、聞きたくなるような声や言い回し、聞く環境をどうつくるかという環境設定が大切です。

　言葉の美しさや音の響きの気持ちよさなどを体験しつつ、言葉に対する感覚を豊かにしていく経験ができるよう、保育者は教材を作成したり、表現の仕方を工夫したりしましょう。音のない時間も子どもにとって大切です。子どもにとって、音のない時間が大切であることを理解するために、次の事例6、7をみていきましょう。

事例6　出欠確認

　月曜日の朝、連休明けの朝の会、M先生は出席確認の際に「お名前呼びの歌」を導入しました。「○○さん」と歌うようによびかけると子どもが「はーい」と同じような音程で返事をしました。次に「○○さん」と小さな声でよんでみました。すると、子どもも「はーい」と小さな声で答えました。一人ひとりを違うトーンでよぶと、自分の名をよばれる瞬間を真剣に待っていました。

> **事例7　歌が好き**
>
> 　M先生のクラスは歌が好きです。大きな声で元気に歌うことは楽しいのですが、ゆったりとか、しみじみというような雰囲気も味わってほしいと思い、また言葉の響きにも気持ちをむけてほしいと思い、積極的に「わらべ歌」を取り入れています。

2．繰り返しの経験で育つ言葉

　前述の1．で「日常生活に必要な言葉」について考えました。子どもたちは、家庭や園での生活のなかで、「おはよう」「こんにちは」のあいさつや、「ありがとう」「ごめんなさい」という感謝や謝罪の言葉を身につけます。繰り返し言葉を使うことで、その言葉の適切な場面や対象を学びます。友だちには「おはよう」ですが、先生には「おはようございます」と言うのがいいらしい、とか「貸して」と言っても貸してもらえないこともあるなど、具体的な体験のなかで実感をもって学びます。

　さて、園の1日のなかで、場面によって決まっている「言い回し」を学んでいる場面に出会うことがあります。たとえば、順番で「お先にどうぞ」、折り紙をもらって「ありがとう」、園長室に入るときに「失礼します」などです。これらは、園という文化のなかで、子どもたちが身につけていく必要のある言葉を育てている場面です。保育者には意識して状況や場面に合った言い方をしたり、言葉の使い方を教えたりするなど、「話す環境」を意図的に用意することが求められています。

　つまり、一次的言葉から二次的言葉を獲得していく段階を意図的に環境設定することにつながります。二次的言葉を身につけていくと、一次的言葉も並行して豊かに表現できるようになります。

　5歳児の話し合いの場面など、保育者が交通整理をしながら、順番に話すことや、「僕は〇〇だと思う」という言い方をすること、相手

の顔を見てしっかり聞くことなどを伝え、子どもたちは「話をする」ときのコツを身につけていきます。

　また、話すことが苦手で、聞かれてもすぐに返答できない子どもの場合は、決まった言い方で話せばよい場面での体験を積むことにより、自信をもって話せるようになることが期待されます。なかなか自分の遊びがみつけにくい子どもが、片づけや当番活動のときは張り切る姿がみられることがあります。下記の事例をみるとわかりますが、やり方が決まっていると安心して見通しをもち、行動できる姿だといえます。

事例8　お当番

　朝の会で出欠をとり、先生が、「今日はAくんとBくんがお休みですね。2人ともかぜだって。早く治るといいですね。では、お当番さん園長先生に伝えてきてください」と言うと、当番の子どもが「はい」と答えました。

——園長室で

Cちゃん：失礼します。さくら組のお当番のDとCです。

園長：おはようございます。

Cちゃん・Dちゃん：おはようございます。今日のお休みはAくんとBくんです。

園長：2人お休みですね。理由は何でしょう？

Dちゃん：2人ともかぜです。

園長：早く治るといいですね。では、今日のさくら組は何人ですか？

Cちゃん：全部で22人です。

園長：わかりました。大きな声でお話ができました。今日1日お当番さん、がんばってくださいね。

Cちゃん・Dちゃん：失礼します。

事例9　誕生会で

先生：今日は6月生まれの人のお誕生会です。お誕生日のお友だちの名前をよびますから前に出てきてください（6月生まれの子どもたちが前に出てきて自己紹介が始まります）。

Eくん：さくら組のEです。6月4日に6歳になりました。大きくなったら自転車屋さんになりたいです。自転車が好きだからです。

Fちゃん：Fです。さくら組です。6月20日に6歳になります。好きな食べ物はケーキです。大きくなったらケーキ屋さんになりたいです。イチゴのおいしいケーキをつくります。

　言い方のパターンが決まった話し方を身につけると、皆の前で話したり、積極的に役割をもったりすることが自信につながっていきます。事例8は、当番を担当することで、先生の言葉を聞いて、それを人に伝えるということを学んでいます。何度も経験するので、自信をもって伝えられるようになります。事例9は、友だちが話すことを聞いて、自分のときは何を話せばいいのか学んでいるということになります。

3. 楽しい経験と伝えたい相手

　第9章で説明したように、「幼稚園教育要領」、「保育所保育指針」、「幼保連携型認定こども園教育・保育要領」では、各総則に幼児期の終わりまでに育ってほしい10の姿を示しました。その（9）に「言葉による伝え合い」があります。「先生や友だちと心を通わせる中で、絵本や物語などに親しみながら、豊かな言葉や表現を身に付け、経験したことや考えたことなどを言葉で伝えたり、相手の話を注意して聞いたりし、言葉による伝え合いを楽しむようになる」[★6]という内容です。

[★6]　「幼稚園教育要領」第1章第2　3 (9)、「保育所保育指針」第1章4 (2) ケ、「幼保連携型認定こども園教育・保育要領」第1章3 (3) ケ

事例10　空の色の表現（学生の事例から）

　夏の夕方、5歳のいととコンビニに向かって歩いていたら、空が「藍色」になっていました。それを見たいとこが「空、ふかあおだね」と言いました。緑が濃いことを深緑ということを知っていたいとこは、青の場合も「ふか〜」をつけると思い、「ふかあお」と表現したのです。子どもの発想がおもしろく、「ふかあおの空」と言いながら帰りました。

　子どもが話す力を発揮する出発点は、人に話してみたいと思う心躍る体験です。「これ、クッキーの箱でつくったよ。この車、かっこいいでしょ。折り紙を貼りつけるのに何回もやり直したよ」など、自分でやったことに対する達成感、「ほら、かっこよくおはしがもてた」というできたことへの自信、「今日は、はるちゃんと仲よく遊べた」といううれしかった感情など、子どもは心が動いたときに誰かに話をしたくなります。体全体でその気持ちを表現していることでしょう。遠足に行ったなどの特別な日の特別な体験である必要はなく、日常の園での体験の一つひとつが誰かに話したい、心が揺さぶられる体験なのです。

　そして、その「誰か」が園生活のなかでは、保育者や友だちです。保育者は、子どもの小さな体験を見逃さず、小さな出来事を大事にして、子どものつぶやきを聞く人です。内容が伝わることも大事ですが、聞いてくれた、わかってくれた、という経験が子どもの話す力を育てます。

演習課題 ⑫

事例研究・日常生活の話し言葉

「おはよう！」「おはようございます」（先生とあいさつする場面）

「ねえ、これ貸して」「いいよ」「ありがとう！」（砂場で使っていないスコップを借りる場面）

（ぶつかっちゃった）「ごめんね」（泣いている子をなぐさめる場面）

（絵本を見ながら）「クルマ！　バス！　ニャンニャン！　おうまさん！」

（園庭の菜園で水をやりながら）「トマトだね」「こっちはナスだよ」

（先生に）「ねえ、トマトのにおいがする！」「ほんとだねえ」

（先生に抱っこされて）「あっち行くの」

（ブロックと積み木を提示されて）「どっちで遊ぶ？」「積み木がいい！」

（鬼ごっこの場面）「氷鬼しよう」「じゃんけんしようぜ」

（絵本『ぐりとぐら』の読み聞かせの場面）「わけてあげてえらいね」「ぼくもカステラたべたいな」「せんせい、こんどみんなでつくろうよ」

• • • • • • • • • • •

● 生活のなかでどのような言葉が必要でしょうか。話し言葉の役割を5つほどあげてみましょう。

● 経験したことや考えたことなどを言葉で伝え合う姿が、小学校での学習にどのようにつながるのか、話し合ってみましょう。

アクティビティ ⑫

課題 **ミラーリングとダブル**

　隣同士で、保育者役と子ども役になり、会話をしてみましょう。

◆その①

❶ ペアをつくり、保育者役と子ども役を決めます。

❷ 子どもは、「きのう、お父さんとプールに行ったんだよ」と自慢げに話しかけます。保育者はそれに対し、「そう、お父さんとプールに行ったんだ」と、子どもの言葉を反復し、その後も「大人のプールにも入ったよ」、「へぇ、大人のプールにも入ったんだね」などと、子どもの言葉を反復して応じます（ミラーリング）。

❸ 1分経ったら終了し、役割を入れ替えて、もう一度やってみましょう。

◆その②

❶ 「きのう、お父さんとプールに行ったんだよ」という子どもの発話に対し、保育者は、「そう、お父さんとプールに行ったんだ。よかったね」などと応じます。その後も「大人のプールにも入ったよ」、「大人のプールにも入ったんだ。すごいなぁ」などと、子どもの発話に付け加えをしていきます（ダブル）。

❷ 1分経ったら終了し、役割を入れ替えて、もう一度やってみましょう。

◆その③

❶ 今度は、「きのう、お父さんとプールに行ったんだよ」という子どもの発話に対し、「そう、お父さんと泳ぎに行ったんだね。楽しかった？」などと応じます。その後も「うん、ビニールのイルカにも乗った」、「そうか、大きなイルカの背中に乗ったんだね。怖くなかった？」などと、常に子どもの発話に意味づけをして、さらに質問を重ねていきます。

❷ 1分経ったら終了し、役割を入れ替えて、もう一度やってみましょう。

・・・・・・・・・・・

■ このアクティビティを振り返り、感想を伝え合いましょう。

【振り返りのポイント】

● その①〜その③で、子どもの気持ちは、どのように変化したでしょう。

● 子どもの言葉を育むためには、保育者はどのような会話を心がけるとよいでしょう。

● 会話を広げるためには、一つの言葉から蜘蛛の巣状に連想を広げていくウェビングの技法を使うと便利です。

■言葉の広げ方

冷たい
温水プール
深い
夏休み
太陽
ゴーグル
水
夏
キラキラ
水着
プール
日焼け
ビート板
浮き輪
広い
ウオータースライダー
クロール
泳ぎ方
監視員
流れるプール
平泳ぎ
海
波のプール
波
海水浴
船

書き言葉の発達と保育

この章で学ぶこと・・・

● 子どもの書き言葉の発達過程について理解しよう。

● 書き言葉の発達を支える保育者の役割を理解しよう。

学びのキーワード

文字の読み書き　　音韻意識　　シンボルの理解

言葉遊び　　環境づくり

1 文字の読み書きと保育

1．子どもたちと文字

　文字の読み書きというと、小学校に入ってからというイメージをもつ人もいるかもしれません。しかし、実習などで気づいた人もいるように子どもたちのなかには、すでに保育室のなかに貼ってある自分の名前のシールを読んだり、簡単な文字を使ってお互いに手紙を交換したりといった姿がみられます。その姿は実に楽しそうですし、文字の読み書きができるということは、子どもたちの生活の幅を広げるものだといえます。

　さて、子どもたちはどのくらい字が読めるのでしょうか。少し古いデータになりますが、小学校に入る前にすでに71文字中65.9文字（92.8%）が読めるという報告があります（島村・三神、1994年[1]）。また、

[図表 13-1-1]

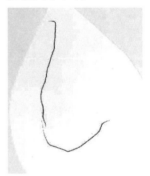

★1　島村直己・三神寛子『幼児のひらがなの習得——国立国語研究所の1967年の調査との比較を通して』教育心理学研究、42、1994年、70–76頁

図表13-1-1は、ある年中さんの男の子に文字が書けるか聞いて実際に書いてもらったものです。このお子さんの通っている園では、特に文字の読み書きを教えていないそうですし、親自身も教えていないそうです。でも、生活するなかで自然と身についたのですね。

　ところで、文字が読めることや書けることのよさは何でしょうか。まずは、手紙やメールに代表されるように、離れた相手に気持ちを伝えることができる、何度も読み返すことができるなどのよさがあります。また、会話といった話し言葉に比べ、文字などの書き言葉を使うことで多くの情報を伝えることができます。みなさんも話し言葉だけでは理解できないことも、文字にすることで理解できたという経験があるでしょう。何より子どもたちにとって、文字が使えるというのは、大人に一歩近づいたような気分になるようで、ごっこ遊びのメニュー表をていねいに書く姿やうれしそうにお手紙を書く姿から、文字を使える喜びが伝わってきます。そうした文字が使える意義を理解したうえで、幼児期における文字の読み書きを考えることがまず必要だといえるでしょう。

　ところで現在、早いところでは4歳児から文字を教える園もあります。それがよいか悪いかはともかく、「幼稚園教育要領」第2章「言葉」3「内容の取扱い」では文字の読み書きの指導について、以下のように記しています。

---

(5) 幼児が日常生活の中で、文字などを使いながら思ったことや考えたことを伝える喜びや楽しさを味わい、文字に対する興味や関心をもつようにすること。

　ここで大切なポイントは、日常生活のなかで自然と文字にふれる機会があること、そしてその流れのなかで文字に対する興味がわくような環境の設定が必要だということです（→第2節を参照）。

2. 文字の読み書きを支える力①

　さて、読み書きの環境を考える前に、そもそも文字の読み書きはどのようにして始まるのか考えてみましょう。その基礎となる力はどのようなものなのでしょうか。ここでは、文字の読み書きの基礎となる能力に目を向けていきましょう。

　子どもたちが文字を書くとき、口の中で音を唱えながら書いている姿がみられます。今みなさんが、ひらがなを書くときにはそのようなことはないでしょうが、たとえば英単語を学習したときなどは、スペルをつぶやきながら覚えたことがあるのではないでしょうか。

　幼児もそれと同じで、特に文字を覚えたての頃はそのような姿がみられます。そして習熟するにつれ、それも減っていきます。また、文字を読む（特に音読）というのは、言い換えると文字を音に直す作業なのですから、音を意識する力が必要となります。実は文字（特にひらがな）を読んだり書いたりするために必要な能力として、"音韻意識"（phonological awareness）というものがあり、「音節（モーラ）に着目する力」を指します（第10章第2節参考）。たとえば前述の通り、「りんご」が「り」と「ん」と「ご」の3つの音からできているとか、最初の音が"り"であるとか真ん中の音をとると、"りご"になるといったことがわかる力を指します。つまり音を分解したり、とったり、くっつけたりといった言葉の音を操作する力を指し、一般的には4歳後半から発達するといわれています。しりとり遊びは、この音韻意識が自然に表れた形といえるでしょう。

　逆にいうと、この音韻意識といった音への気づき、感受性が育っていないうちは、文字の読み書きは難しいということになります。欧米をはじめ、日本の研究においてもひらがなの読み書きが苦手な子ども

★2　物理的な総称としての音（オト）と区別して、音（オン）とよぶ。音声器官によって発せられ、言語に使用される場合に使う言い方である。

は、音韻意識の力が弱いという調査結果があります。大石と斎藤（1999年）は、読み書きが苦手な小学生7人を調査したところ、「"たいこ"はいくつの音からできている？」「"あ"から始まる言葉は？」といった音韻意識を測定する課題において、スラスラ読める子より成績が悪かったと報告しています。また、筆者が以前指導していた障害のある子どもたち（年長児）のなかにも、ナカヤマ先生のことをナカマヤ先生とずっと言い間違えている子がいました。そのほか、小学校に上がっても、掛け算の九九や辞書を引くことが苦手だったり、色や形の名称や友だちの名前を覚えられなかったりする事例もあります。いずれも、「音（オン）」を頼りに探したり覚えたりする音韻意識の未成熟が原因です。

　ところが、音韻を意識した課題（ゲーム）を取り入れることで、音韻意識の力が伸び、その結果、文字の読み書きが身についたという報

[図表 13-1-2] しりしりしり

◆リズミカルな触れ合い遊びをとおして、保育者とのやりとりを楽しみましょう。

子どもをあお向けに寝かせ、「いちり」と言いながら、両足の親指をつかみます。

「にり」と言いながら、両足の足首をつかみます。

「さんり」と言いながら、両足のひざをつかみます。

最後に「しりしりしりしり」と、おしりの両側をくすぐります。

村石昭三・関口準監修、寺田清美『はじめてみよう！　幼児のことばあそび　0・1・2歳児編』鈴木出版、2004年、30頁（イラスト／山岡小麦）

告が多数あります。やり方はとても簡単で、先ほど紹介した「"りんご"がいくつの音からできているか？」とか、「"りんご"の最初の音は何か？　それをとると何という言葉になるか？」といった言葉遊びを行うというものです。詳しいやり方は、第2節で説明します。

　なお、0歳の赤ちゃんの段階から子どもたちの音への感受性は育っています。たとえば、日本人の不得意な英語のRとLの区別が赤ちゃんはできるといわれます。筆者の子どもが、まだ1歳にもならないときに絵本の読み聞かせをしていると、「コップ」や「パンツ」「スプーン」といった破裂音に対してはその違いがわかるようで、その部分を読むと、くすっ（にやっ？）と笑う姿がありました。この時期の子どもたちによい遊びとして、音遊びを楽しむ「くすぐり遊び（しりしりしり）」［図表13-1-2］がありますので、やってみてください。

3．文字の読み書きを支える力②

　2．では、音韻意識が文字の読み書きの基礎となること、そしてその力が4歳台に発達することを学びました。そのほか、音韻意識以外にも文字を使いこなすのに必要な力があります。それは、文字などのシンボルを理解する力です（高橋、2011年[★3]）。つまり、文字が何かの対象を表しているということを理解していないといけません。それはすぐにできるというものではなく、いくつかの段階を経る必要があります。

　そのはじめの段階は、1歳台にスタートします。1歳のお誕生日近くになると、たとえば積み木を車に見立てる遊びが始まります（見立て遊び）。実際は車ではないものを使って車を表現するわけです。つまり、積み木という物体が想像の対象と結びついているという理解がこの段階で必要とされます。

★3　高橋登「読み書きの発達とその障害」大伴潔・大井学編著『特別支援教育における言語・コミュニケーション・読み書きに困難がある子どもの理解と支援』学苑社、2011年

次に、2歳くらいになると、絵らしきものを描いて、「ぶどう」などと言う姿がみられます（大人にはけっして、ぶどうに見えないのですが）［図表13-1-3］。今度は、絵が対象と結びついているという段階です。それが3歳台になると、若干（20％の子どもたち）ですが文字による表現をし始めます（高橋、2002年[★4]）。ただし、ここでいう文字とは疑似文字も含み、絵とは異なるものの文字としても認識できないようなものも入ります（高橋、2002年）。そして、4歳台になると、80％以上の子どもたちにおいて、そうした疑似文字を含めた文字表現が出てきます（高橋、2002年）［図表13-1-4］。

［図表13-1-3］

ぶどうの絵（2歳）

しかしながら、それらしく書かれていても、大人の側が文字とはっきり認識できたり、読めたりすることは難しいものです。実際この時期は、まだ多くの子どもたちがひらがな71文字中18文字程度（約26％）しか読めないのです（島村・三神、1994年）。一般的に文字は読めないと書けないのが普通ですから、この時期の子どもたちは絵と文字が異なる表現型であることに気づいていても、文字が読めて使い

［図表13-1-4］ **疑似文字による表現**

秦野悦子『ことばの発達入門』大修館書店、2002年、205頁

疑似文字（4歳）

★4　高橋登「文字の意識と音韻意識」秦野悦子『ことばの発達入門』大修館書店、2002年

こなせるまでにはなっていないのです。

　ところが5歳台になると、71文字中約50文字（約70％）が読めるようになり（島村・三神、1994年）、書く文字も大人と共通のものが増えてきます。

　4歳から5歳の子どもたちの内部では、この間に何が起こっているのでしょうか。それが2.で述べた音韻意識の発達です。この力は4歳後半に発達します。つまり、文字の読み書きができるようになるためには、話し言葉の音韻的な側面に注意を向ける力がまず必要なのです。それとともに、見立て遊びやシンボルの理解といった力の育ちも必要となります。

4．文字の読み書きを支える力③

　1.の［図表13-1-1］は、「し」が書けるという5歳の男の子が書いたものですが、よく見ると途中で途切れているのがわかります。というのも、この子は最初に下半分を書き、次に上半分を合体させる形で「し」を書いたのです。このことからわかるのは、子どもたちが文字を書くときは、ほかの図形と同様にまずひらがなを形として認識する段階があるということです。そして、ここで形を認識する力が弱い、もしくは誤った認識をすると、うまく書けないということになります。

　同様の問題に、子どもたちが文字を覚えて間もない頃、鏡文字とよばれる左右反対の文字を書く現象があります。1972（昭和47）年の国立国語研究所の調査によれば、「も」「の」「く」「き」「し」で鏡文字が多く出現することがわかっています。幼児が鏡文字を書くのは、ごく普通のことでいろいろな国でみられるそうです（高橋、2011年）。左右の認識力や手の巧緻性が発達するとともに自然に解消しますので、あえて修正させる必要はありません。むしろ、脳が左右の違いを認識できない段階で、「逆だよ」と言われても、子どもはとまどうばかりで自信をなくしてしまいます。あまり気になるようなら、さりげ

なく指摘し、お手本を横ではなく上に置いてみせると効果的です。

　以上のように音韻意識、シンボルの理解、形を認識する力などが文字の理解に必要な力となります。子どもたちは、生まれながらにしてこうした力をもっていますので、強いて教えなくても時期がくると自ら学ぶものなのです。あとは、学びの環境をどのように用意するかという保育者の対応が問題となってきます。

5. 読んだものを理解する力

　ところで、書き言葉には「文字の読み書き」のほかに、「読んだものを理解する」という側面があります。みなさんのなかには、文字の読み書きができれば、自動的に文章の内容が理解できると思う人もいるかもしれません。しかし、文字が読めることが、内容の理解に直接結びつかないことがさまざまな研究からわかっています。このことは、英語の学習をしたときによく感じられるのではないでしょうか。たとえば、英語を読む（音読する）のに必死で、内容がさっぱり入ってこないという経験がありませんか。こうした現象は日本語でも起こり得るのです。

　さて、読んだものを理解するという活動は、幼児期というより小学校に入ってから本格的なものになりますが、その基礎は幼児期にあるといわれています。たとえば、本のなかの登場人物の考えや気持ち・場面を理解するのは小学校に入ってからというものでもありません。保育所・幼稚園で行われる絵本の読み聞かせは、文字こそ子どもたち自身で読んでいないものの、聞きながらその内容を理解するという点では同じです。このことは、さまざまな研究からも証明されており、乳幼児期にお話の理解につまずく子は、学童期の読解につまずくという結果があります。そのため、「読んだものを理解する」力をつけるためには、「聞いたものを理解する」力をつけることが必要になります。そのための支援方法については、第12章を参考にしてください。

② 文字の読み書きを支援する方法

　ここでは、文字の読み書きを支援する方法について考えていきます。みなさんは、文字の読み書きの力を子どもたちにつけさせるためにどのような方法を思いつくでしょうか。ある人は、たとえば「あ」という文字を指差しながら「この文字は"ア"と読むよ」という方法を思い浮かべたかもしれません。また、ある人はフラッシュカードを使うといった方法を思いついたかもしれません。そうした文字学習の方法なら小学校に入ってからでも遅くはありません。では、幼児期に求められる支援とはどのようなものなのでしょうか。

　それには、前述した文字の読み書きの基礎である"音韻意識"を育てる支援がまず必要といえます。次からそのやり方を具体的にみていきましょう。

1．読み書きの力を育てる言葉遊び

　読み書きの力の基礎となる音韻意識を育てる言葉遊びを紹介します。

①しりとり遊び：しりとり電車

　しりとり遊びを普通にやってもおもしろいのですが、そのときに視覚的な手がかりがあるとやりやすいものです。その1つに「しりとり電車」というものがあります。絵カードをしりとりでつないでいく遊びです。列車が好きな子どもたちも多いので、楽しんでやってくれるでしょう［図表13-2-1］。

　また、「しりとり鬼ごっこ」といって、しりとりをしつつ、鬼ごっこをするというやり方もあります［図表13-2-2］。参考にしてみてください。

[図表 13-2-1] しりとり電車

◆保育者の絵カードとチームの絵カードをしりとりでつないで遊びます。

4人1チーム。それぞれが絵カードを1枚ずつ引き、絵柄を
みんなに見せます。

保育者は自分の絵カードを子どもたちに見せ、遊び方（しりとりでつなげる）を説明します。

チームで相談しながら、保育者の絵カードにしりとりでつながるように並んでいきます。

1番目の絵カードの子どもが電車の運転手になり、好きなところを一周してきます。

村石昭三・関口準監修、村木由紀子『はじめてみよう！ 幼児のことばあそび 4歳児編』鈴木出版、2004
年、32頁（イラスト / 多保正則）

[図表 13-2-2] しりとり鬼ごっこ

◆鬼が唱えることばを「しりとり」で返して遊ぶ鬼ごっこです。

鬼（保育者）は好きなことばを唱えながら子どもをつかまえます。

つかまった子どもは鬼の唱えることばの尾音を取って、しりとりことばで返します。

正しく答えられれば子どもは逃げられます。不正解のときは子どもは子鬼
（カラー帽子をかぶる）になり、保育者といっしょに鬼役になります。

村石昭三・関口準監修、村木由紀子『はじめてみよう！ 幼児のことばあそび 4歳児編』鈴木出版、2004
年、34頁（イラスト / 多保正則）

②音遊び

　音韻意識を育てる遊びとは、簡単にいうと音遊びのことです。

　お集りのときなどに言葉遊びの一環として、音遊びを取り入れてみるのもよいでしょう。

　たとえば、「"あ"から始まる食べ物は？」「3つの音からできている言葉をたくさん言ってみよう！」と、子どもたちに問いかけ、たくさんあげさせてみましょう。

　また、「"たいこ"から"た"をとってみよう」と音抜きをしたり、「"たいこ"の最初の音は？」など、特定の音を当てさせたりするのも楽しいでしょう。

[図表 13-2-3]

　なお、このようなゲームを行うとき、特に低年齢ほど、積み木といった目に見えるものを一緒に使いながら行うとわかりやすいでしょう。たとえば、"あいす"と言いつつ、積み木を3つ並べていくやり方です［図表 13- 2- 3］。そのとき、ゆっくりはっきりと発音すること、一つひとつの音をていねいに発音するなど、音を強調しながら発音するようにします（サリー・シェイウィッツ、2006年）。また、"あいす"の絵があるとイメージしやすいものです。そして、慣れてきたら絵をとってみる、積み木をとってみるなど徐々に手がかりを減らして、言葉の音だけに着目してやっていくとよいでしょう。

③絵本の読み聞かせ

　音遊びを取り扱った絵本で、おすすめのものとして、以下のものが

あげられます（サリー・シェイウィッツ、2006年）。

[図表13-2-4]

・『でんでんでんしゃがやってくる』
（古舘綾子、岩崎書店、2002年）
・『ことばのえほん　あいうえお』
（五味太郎、絵本館、1992年）

音の繰り返しがあり、リズミカルで楽しい絵本です。また前述したように、文字の読み書きを教える園も増えていますが、そのとき、単に文字だけを提示するのではなく、たとえば"さくら"の絵と"さ"という文字を一緒に教えると文字の習得が早いといわれています［図表13-2-4］。

　何より日常の生活のなかで、保育者が言葉の音の側面に敏感になり、子どもとのちょっとした会話のなかで、「同じ音だね」「おもしろい音だね」といったように、やりとりを楽しみながら行うことが大切になってきます。また、だじゃれを日常会話のなかに取り入れることで、子どもとの会話も楽しくなるでしょう。子ども向けのテレビ番組を見ると、「クレヨンをくれよん」「アイスを愛す」など、だじゃれを取り入れたものが実に多いです。大人は少し気恥ずかしさを覚えるかもしれませんが、子どもたちはこうした言葉遊びが大好きです。

　実習において、部分実習や責任実習では製作を取り上げることが多いかと思いますが、こうした言葉遊びをやっても十分楽しめます。言葉遊びは短い時間でもさっとできますので、制作や手遊びに加えて、言葉の音に着目した言葉遊びを日常の保育のなかに取り入れてみると、子どもたちのいろいろな力を伸ばすことができるでしょう。

2．文字学習のための環境設定

　さて最後に、文字学習のための環境設定について考えていきたいと

思います。「幼稚園教育要領」では、「幼児が日常生活の中で、文字などを使いながら思ったことや考えたことを伝える喜びや楽しさを味わい、文字に対する興味や関心をもつようにすること」とあります。

　つまり、文字が読めること・書けることが最終目標ではなく、さまざまな活動を通して文字に興味や関心をもたせたり、文字を使うなかで自分の思いや考えを伝える楽しさを味わったりすることが望まれているのです。そのためには、どのような環境づくりがよいのでしょうか。いくつかの園で行った環境づくりの実践例をご紹介します。

事例1　A保育園の取り組み

　A保育園では、空想上の“こびと”を登場させ、園児と“こびと”とのやりとりの手段として、手紙（文字）を使いました。活動の導入は次のようなものです。

①園の「なぞのとびら」の下に、とても小さな靴が落ちていた［図表13-2-5］。

②「あなたわ誰ですか？」と、班長さんたちが書ける字を寄せ集めて持ち主に手紙を書く。

③すると葉っぱの手紙がきて、園に住んでいる「こびと」だと判明する［図表13-2-6］。

　ここから、“こびと”とのやりとりがスタートしていきます。その

［図表13-2-5］　　　　　　　　　　［図表13-2-6］

後、カレーライス会（クッキング）のときに、どのグループが何をやっているのか"こびと"にもわかるように、グループの旗をつくったり、カレーをおいしくする魔法の粉（カレー粉です）を"こびと"からもらったり、行事の前に励ましの手紙をもらったりといったやりとりが１年かけて続いていきます。

　また、次に紹介する園では、絵本『ガリバー旅行記』の"ガリバー"の孫を保育者が設定し、その人物との交流を手紙で行いました。[★5]

事例２　Ｂ保育園の取り組み

　Ｂ保育園では、年長さん対象の園外で行われるお泊り保育を楽しんでもらうために、次のような展開を考えました。

①保育者が夏のお泊り保育の場所を下見に行った際に、ガリバーの孫に出会ったことを子どもたちに伝え、ガリバーの孫に子どもたちが手紙を出す［図表13-2-7、図表13-2-8］。

②ガリバーの孫から手紙がきて、ガリバー村（お泊り保育の場所）で肝だめしをすることをもちかけられる［図表13-2-9］。

　夏合宿にとどまらず、このあと１年をかけてやりとりが行われ、"ガリバー"の孫からプレゼントが届いたり、"ガリバー"の孫からもらった旗が"化け物"（これも架空のもの）にねらわれるという行事（？）が入ったりと、とても楽しい展開がその後も続いていきます。その"ガリバー"の孫や"化け物"とのやりとりはすべて手紙で行われ、子どもたちはその手紙をとても楽しみにしており、

[図表13-2-7]

★5　事例２は、吉田直美『みんな大人にだまされた！──ガリバーと21人の子どもたち』ひとなる書房、1997年をもとにしている。

[図表 13-2-8]

[図表 13-2-9]

その様子から自然と文字に親しみ、興味をもっていることが伝わってきます。

　この2つの園を通してわかることは、「文字」を学ばせようという目論見でやっている実践ではありませんが、結果としてみごとに「手紙」や「文字」が保育のなかでの小道具として、重要な役割を果たしているということです。そして、こうした取り組みこそが先にあげた「幼稚園教育要領」に書かれた目的と合致した取り組みといえるでしょう。

　今後、みなさんは保育の現場に身を置きますが、文字の読み書きを単に教えるだけにとどまらず、その基礎となる力に着目したり、文字に親しむ環境について考えたりする機会をぜひもっていただければと思います。

演習課題 ⑬

事例研究・絵かき歌

　言葉の発達に効果的な方法として伝統的な絵かき歌があります。

【譜例】「コックさん」（3 音歌）

　これは東京地方のわらべ歌による絵かき歌です。一見長い歌ですが、レ、ファ、ソの３音のみで歌うことができます。１つのフレーズを否定しながら進んでいく前半６小節に対し、後半はさまざまな状況を想像させながら展開して、最後は思いがけなくコックさんが書き上がります。曲線や直線、○や△、算用数字や漢数字がふんだんに言葉のなかに挿入され、それらが象徴的に描かれて、まるで謎解きのように展開していきます。また、絵かき歌の最大の特徴は、描くペースによって自由にテンポを縮小したり拡大したりしながら、言葉を主体として歌い描いていくことができる点です。言葉を発して歌いながら絵を描く子どもの成長過程に密着した芸術的かつ創作的な遊びです。

「へのへのもへじ」

「おかみさん」

「おかみさん」わらべ歌　作詞者 / 不詳
よこよこ　たてよこ
まるかいてちょん　まるかいてちょん
おおきなおまるに　毛が三本
毛が三本　毛が三本
あっ！　とおどろく　おかみさん

　子どもと一緒に絵かき歌を楽しむ場合、「先生」がまず1フレーズを歌いながら描いてみせます。「子ども」は先生が歌った通りに模唱して歌いながらまねをして描いていきます。実際に子どもたちと絵かき歌遊びを実践してみたところ、「フレーズのなかの大切な言葉を伝えていくための声の出し方を工夫した」や、「お互いに相手を思いやって待つことの大切さを感じた」など、言葉や心情のキャッチボールを体感できることがわかりました。
・・・・・・・・・・・・・
■【譜例】を、「先生役」と「子ども役」になって実践してみましょう。
　また、替え歌やわらべ歌のフレーズの一部を使って、子どもと一緒に絵かき歌を創作してみましょう。自然や動植物、食べ物や乗りものなど、身近なものをテーマにして、子どもが歌いながら簡単に描ける絵かき歌をつくり、絵かき歌の発展性や、伝え合う楽しさについて考えてみましょう。

アクティビティ ⓭

課題 伝承遊び「唱え歌」

【譜例】作詞・作曲者 / 不詳

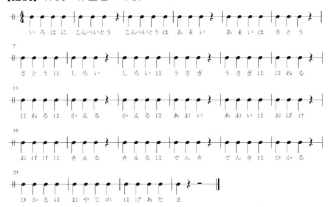

　【譜例】は「しりとり歌（くさり言葉）」です。発する言葉の抑揚に応じて即興的に音程やリズムが決まっていくという創造性に富んだ遊びです。一定のビートのなかに言葉を上手にはめ込みながら、前の人が歌った言葉を即座にとらえて、次の言葉を生み出して歌っていく集中力とスリルを要する遊びです。教室にいる全員で実践してみましょう。

❶【譜例】の通りに歌いましょう。

❷「いろはにこんぺいとう」から始め、その後は自由に言葉を唱えていきましょう。

❸ 次の相手に言葉を伝えるつもりで歌いましょう。

・・・・・・・・・・・・

■ このアクティビティを振り返り、感想を伝え合いましょう。

【振り返りのポイント】

●【譜例】の伝承遊びについて、これらの実践により何が育まれるのか考えてみましょう。

言葉に関する諸問題

● 言葉に関して配慮を必要とする子どもへの支援を学ぼう。
● 言葉の発達に影響を与える現代社会の環境について考えよう。

学びのキーワード

言葉の遅れ　発達障害　構音障害　吃音　緘黙
母語が日本語ではない子ども　デジタルメディアの影響

1　言葉に関する課題

1．言葉に関する課題を学ぶことの意義

　言葉は、人間がコミュニケーションを図るための重要な道具です。
子どもは、言葉を獲得しながら発達していきます。しかし、なかには
言葉の発達に関して課題のある子どももいます。保育者は、子どもの
状態像を正確に把握するため、また子どものとまどいに気づくために
も、どのような課題があるのかという基礎知識を習得しておくことが
大切です。併せて、それぞれの課題に対して保育者はどのように支援
をしていけばいいのかについても考えてみましょう。

2．子どもに見られる言葉に関する課題

①言葉の遅れ

　言葉は発達の目安になりやすいものの一つです。言葉の遅れは、目
に留まりやすく、他児と比べやすいために保護者が心配するところで
す。しかし、言葉の発達は個人差も大きいものです。なかなか言葉が
出なかったけれども、出始めたら一気におしゃべりになり、心配がい
らなくなる場合もあります。

　一方で、全体的な発達を丁寧に確認しながら支援を考えていくことが必要な場合があります。両者の見極めは難しいものですが、いくつかのチェックポイントがあります［図表14-1-1］。主なものは言葉の理解の程度、対人的な関わり、聞こえの状態です。

［図表14-1-1］言葉の遅れに関するチェックポイント

　これらのチェックポイントで気になるものがある場合は、難聴や全体的な知的発達の遅れ、発達障害の可能性も視野に入れた専門家による経過観察が必要です。

　保育の場での対応としては、次のような支援が考えられます。

- 本人がしている行動や興味をもって見ているものに言葉をかけていく。たとえば、「お水が冷たいね」「おいしいね」など、子どもの思いや行動と言葉がつながるような声かけをする。
- 実際に物を見せたり、絵カードや写真を使ったりする。子どもが要求を伝える手段としても使う。
- 「何をして遊びたい？」「どうしたい？」と聞くのではなく、「鬼ごっこ？」「ブランコ？」と単語で答えやすいように聞く。

　また、言葉の発達を促すためには、身体を使った遊びをいっぱいすることが効果的です。身体を使うことが脳に刺激を与えるからです。身体を使った遊びを工夫して園での活動に取り入れましょう。

　たとえば、さまざまな感覚に刺激を与える遊びとしては、次のようなものがあげられます［図表14-1-2］。

［図表 14-1-2］ さまざまな感覚に刺激を与える

子どもの様子に合わせてゆっくりゆらしたり、大きくゆらしたりする。

保育者が補助をして、かけ声をかけながら高く飛ぶなど

しがみつくことで筋肉を使う経験にもなる。子どもの様子を見てゆらし方も工夫する。

バランスボールやマットなどを壁にグーッと押したり引いたりする。

ボールプールに入る。さらに、保育者がボールを子どもの体に押し当てて刺激を与える。

子どもの体をマットや布団で圧迫する。部位ごとに力を加えても。

体をゆっくりと動かす。保育者が見本を見せて、まねをしてもらう。

中身が見えない箱に手を入れて、何か当てる。さまざまな感触を試してみる。

小平雅基・中野圭子『気になる子のために保育者ができる特別支援』学研教育出版、2014 年をもとに作成

②発達障害

　発達障害のなかに、自閉スペクトラム症があります。人とやりとりをする社会性の障害を中核症状とする障害であり、コミュニケーションに独特の傾向があります。症状の程度、知的障害の程度により発語

のない人から語彙の豊富な人までいますが、コミュニケーションの独特の傾向とは次のようなものです。

- 質問の言葉をそのまま返したり（エコラリア[1]）、過去に聞いた言葉を繰り返したりする。
- 言葉を語義どおり受け取る。
- 暗黙のルールや裏の意味、比喩表現や皮肉がわからない。
- 場にそぐわない不自然でていねいな表現をする。
- 悪気はないが失礼なことを言ってしまう。

事例1　言葉をそのまま受け取る

　皆でお絵かきをしているときです。Y先生が、離れたところにある青いクレヨンを「Aくん、青いクレヨン取れる？」と頼みました。Aくんは「取れるよ」と言っただけで、Y先生に渡そうとはしませんでした。

事例2　失礼なことを言ってしまう

　Bちゃんが着てきた洋服を見て、Cちゃんが「リボンがかわいいね」と言いました。Dくんはそれを見て、「その服、変だよ。似合わない」と言いました。Y先生が「そんなことを言ったらBちゃんはどう思うの？」と言ったところ、Dくんは「わからない」と言いました。

　事例1では、言葉を語義どおり受け取っていて、取れるかどうかという質問に対し「取れるよ」と答えています。事例2では、悪気なく思ったことを発言し、相手の気持ちを想像することの苦手さが出ています。
　こうしたことを踏まえて、保育の場では、あいまいではなくわかりやすい言葉かけを心がけます。また、本人や他児の気持ちを代弁して

★1　エコラリアとは、他者が話した言葉を繰り返すこと。

あげることが必要です。事例1では「青いクレヨンを取って」、事例2では「Dくんはそう思ったのね。でも変だと言われたら、Bちゃんは悲しい気持ちになるよ」と言うほうが伝わりやすいでしょう。

そのほかには、「ちゃんとする」よりも「前を向いて立つ」、「いい子にする」よりも「手をひざにおいて待つ」などという具体的な表現のほうがわかりやすく、伝わりやすくなります。

③構音障害

構音障害とは、音をつくる器官やその器官の動きに問題があり、正確な発音ができない症状のことを指します。たとえば「さかな」を「タカナ」、「くつ」を「クチュ」と発音するなどです。原因としては、次のものがあります。

- 口蓋裂などの器質性のもの
- 神経や筋肉の病変によって起こる運動障害性のもの
- 難聴など聴覚性のもの
- 原因が認められない機能性のもの

構音は就学の頃までに、発音しやすい音から段階を追って整ってくるといわれています。また文字言語を習得すると改善されることもあります。

事例3　お話を楽しむ

　Eくんはお話することが好きです。「テンテイ、あのね、チチュウのまわりには空気があるんだって」。Y先生は「そうね、地球のまわりには空気があるのね。Eくんはよく知っているね」と答えました。「テレビでね、チチュウのことやってたの！」とEくんが言うと、Y先生は「そう、また先生に教えてね」と細かい発音を直すことはしないで、正しい発音でゆっくり応答しながら、Eくんが楽しくお話できるように聞いています。

　保育の場では、正しい発音が耳から伝わることを意識しつつ、話したい気持ちをそいでしまわないようなかかわりが必要です。また、唇や舌などの発声器官の発達を促すような遊びを取り入れるのもよいでしょう。たとえば、次のような遊びなどがあります。

- ストローでピンポン玉を吹く
- ストローで紙を吸って移動させる
- 舌をまわす、丸めるなどの運動をする
- 息を吹いてろうそくの火を消す
- シャボン玉を作る

④吃音（きつおん）

　吃音には、「ぼ、ぼ、ぼく」といった「連発」のほか、「さーかな」といった「伸発」、音がつまってなかなか出ない「……あひる」といった「難発」などがあります。原因は、はっきりとはわかっていません。左利きを矯正したからとか、引っ越しなどの心理的ストレスがあったからとか、親の育て方が厳しかったからなどといわれていた時代がありましたが、今はどれも否定されています。

　3歳頃から吃音が見られ始める子どもが多く、男女比では男の子に多いことがわかっています。吃音が目立つ時期と、それほど目立たない時期が繰り返されることもあり、小学校に入る頃までに自然に消失する子どももいます。

　保育の場では、どのような支援が考えられるでしょうか。吃音をなくすことが治ること、と考えられがちですが、子どもたちが一番つら

243

いことは、吃音そのものよりも吃音をもっている自分を否定されることなのです。したがって、吃音があっても自信をもって、日々の活動に向かえるようにすることが大切です。

そのために幼少期は、話し方がスムーズでなくても「わかっているよ」「大丈夫だよ、言いたいことは伝わっているよ」と安心させてあげる関わりが必要です。「変な話し方」など、吃音を他児に指摘されて、話すことに自信がなくなってしまう場合も考えられます。他児には「一生懸命お話しようとしてくれているんだよ、待とうね」と説明し、大人が受け入れている姿を見せるとよいでしょう。

⑤緘黙

「場面緘黙」「選択性緘黙」ともいい、家庭では話ができるのに、保育所など外では話ができない状態を指します。しかし本人が意図して話をしないのではなく、不安障害の一種と考えられています。もともと敏感なタイプの子どもが、新しい環境ではとても不安が強くなり、話さないことでそれ以上の不安を高めないようにする反応をしていると考えられます。

声が出せないだけでなく、固まってしまって動けなくなってしまう、緘動といわれる状態像を示す子もいます。特定される原因はわかっていません。家庭ではよくおしゃべりをして、言葉の発達に問題のないことが多いので、保護者に気づかれにくいのです。しかし、なかには発達障害や言葉の遅れ、吃音が背景にある場合もあるので、一度は専門家に相談することが望ましいです。

保育の場では、「安心感」が一番のキーワードになります。話さなくても伝わっていること、無理なくできることを積み重ねていくことで、少しずつ慣れて体験を増やしていけるようにすることが大切です。目標は「話をすること」ではありません。話をすることを強制したりプレッシャーをかけたりすることは避けなければなりません。

> **事例4　安心感を与える**
>
> 　Fちゃんは、園で声を出しません。Y先生は生活発表会など、不安が高まりそうな行事のときにはさりげなくそばにいて「大丈夫だよ」と声かけをするようにしています。また、少人数での活動のときには、Fちゃんが一番慣れているGちゃんと同じグループにしました。年度はじめは反応ができなかったFちゃんですが、先生の問いかけに対して、だんだんうなずく返事ができるようになってきました。

3．言葉に関して不安を抱える保護者への支援

①保護者の不安を受け止める

　経験のある保育者から見ればそれほど心配のないことでも、保護者はちょっとしたことで不安に思うものです。保護者が何を心配していて、何を保育者にわかってほしいのか、まずは十分に聞き、受け止めるように心がけます。

②家庭での関わりのヒントを伝える

　保護者の具体的な心配が見えてきたら、そのことに関して園での様子や保育者の関わりを伝えます。たとえば「乱暴な言葉づかいをして困る」という保護者の困りごとに対しては、「園では、あまり乱暴な言葉づかいは目立ちませんよ。ときどき、周りのお友だちにうまく気持ちを言えないときに、乱暴な言葉になってしまうことがありますが、『本当は嫌だったのね、やめてって言おうね』と繰り返し伝えていますよ」と伝えます。そうすることで保護者は、どんなときに乱暴な言葉づかいになってしまうのか、どういう対応をすればよいのかヒントを得ることができるでしょう。

③発達的な見通しを伝える

　たとえば、2歳の子どもの発音を心配する保護者がいた場合、構音

はまだ整わない段階であること、年長でもまだ発音の不明瞭が残って心配であれば「言葉の教室」に通えることなどを伝えれば、先の見通しが立つことで保護者は安心します。発達段階に即した説明、助言ができることが保育者には求められます。

④相談機関、専門機関を紹介する

「様子を見守る」だけではなく、子どもの発達状況をていねいに確認したほうがいい場合や、保護者の不安感がとても強い場合などは、医師や心理士などの専門家を紹介することが必要です。小児科や発達相談センター、保健センターおよび児童相談所などがあります。地域の専門機関にはどのようなものがあるかを把握しておきましょう。

⑤ともに発達を支える姿勢をもつ

保護者にとって、身近で日常的に接点のある保育者にわかってもらえる、ともに子どもを見守ってもらえることは心強いことです。保護者と気軽に率直に話ができる関係、信頼される関係を築きながら、ともに子どもの発達を支える姿勢をもっていきましょう。大切なことは、「課題を克服させる」「皆と同じようにさせる」ことではなく、その子なりの成長を見つけ、ともに喜んでいくことなのです。

2　母語が日本語ではない子ども

1．母語が日本語ではない子どもの背景

①多様なルーツをもつ子どもたち

現代では、さまざまな人種・民族・国籍の人が日本で暮らすようになり、わが国では多文化共生社会への対応の必要性が高まっています。国際結婚などにより「日本国籍でも日本語が話せない」、「両親とも別々の母語をもっている」など、多様なルーツをもつ子どものさまざまな状態像が考えられます。そうした実情に合わせて、「外国とつながり

[図表 14-2-1] **在留外国人数の推移**

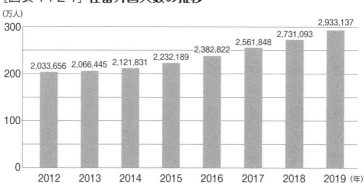

出入国在留管理局「在留外国人統計」2020 年 6 月末より作成

[図表 14-2-2] **国別・地域別在留外国人の構成比**

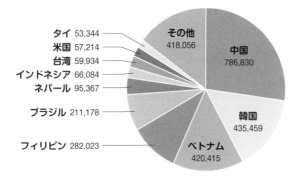

出入国在留管理局「在留外国人統計」2020 年 6 月末より作成

のある子ども」という表現も使われるようになってきています。

　保育の現場においても、こうした多文化共生社会の波は押し寄せており、言語や習慣の異なる背景をもつ子どもが在園していることを念頭に置き、必要な配慮を行っていくことが重要です。「乳幼児にとって、入園する保育所・幼稚園は初めて出会う公的集団である。その子どもが第1子あるいは来日間もない外国につながりのある家庭にとっては、初めての『日本の学校』であり、公教育への入り口である。来

日して間もない家庭や人間関係が同文化コミュニティに限られている家庭の場合、日本社会の制度・ルール・慣習は子どもを通してぶつかる最初の場となる。生活基盤が不安定な場合などは、保育所・幼稚園が行政・福祉サービスへの窓口としての役割を担う場合もある[★2]」ということを認識しておく必要があります。

②言葉の発達の状態

　子どもの言葉の発達を考えていくとき、日本で暮らしながらも母語が日本語ではないこと、家庭での使用言語が日本語以外であることをどう考えればよいでしょうか。母語がしっかりと確立しているほど2番目の言語も上達するといわれています。どちらの言語も十分に流暢に使用できる状態になれば「バイリンガル」といわれますが、母語が十分に確立していない幼少時から来日した子どもの場合、母語と日本語のどちらの言語も発達が不十分になる「ダブルリミテッド」になる可能性があるといわれています。

　日常会話では問題なく日本語を話せているようにみえても、学習の際に必要になる学習言語の理解は不十分なことがあります。学習言語を扱えるようになるまでは7年かかるといわれており、抽象的な日本語を理解することや思考することができず、就学後の学習に支障が生じてしまうのです。

2．子どもへの関わり

　あなたが突然、言葉も通じない知人もいない異国に1人で放置されたら、どんな気持ちになるでしょうか。きっと、とても心細く不安で孤独な気持ちでいっぱいになるでしょう。日本語がほとんどわからず保育所にいる子どもたちも、それと同じような感覚ではないかと推測されます。そうした子どもの気持ちを十分に想像して寄り添うことが

★2　内田千春「新人保育者の語りに見る外国につながりのある子どものいる保育」『共栄大学研究論集』2013年、275頁

保育者に求められます。

　具体的には、どのような配慮が考えられるでしょうか。

①安心して過ごせるような配慮

　1人で異国にいるとき、日本語で話しかけてくれる人がいたら、どんなに心強く感じることでしょうか。子どもの母語で簡単なあいさつをする、トイレや食事場面で必要な言葉を覚えて使うなどの支援が考えられます。また、クラス全体で当該児のルーツのある国の歌を歌ったり、踊ったりすることや、保護者にその国の文化を教えてもらう機会をつくることなども行われています。

　自分が受け入れられている感覚がもてること、寄り添おうとしてくれる大人がいることは、たとえ言葉が通じなくても、その場で安心して過ごせることにつながるでしょう。

②他児との関わりを促進する

　子ども同士は、比較的すぐに打ち解けて一緒に遊べることが多いでしょう。一方で、文化の違いから誤解が生まれることもあります。

事例5　皆との遊びに参加しない

　Hくんは、最近日本で暮らすようになり、まだ日本語がよくわかりません。外遊びのとき、クラスの皆でドッジボールをしました。いくら誘っても、Hくんは参加しようとせず、1人でブロック遊びをしています。クラスのほかの子どもは、「誘っているのにどうしてHくんはやらないの？」と言うようになりました。

　この場合、Hくんが参加しない理由として考えられることは何でしょうか。

　まず、言葉やルールがよくわからないためという可能性があります。あるいは、経験がないからボールにぶつかるのが怖くてできない、という可能性もあります。こうした場合には、保育者はHくんが参加し

やすいような準備をすることが必要です。見学の時間を多くとったり、応援役を任せたり、外野専門での参加などの配慮をしたりすることが考えられます。

　しかし、文化や習慣の違いから「皆で過ごすときは、1人で遊ぶのではなく皆で遊ぶもの」という感覚がないことから、好きな遊びを優先しているという可能性もあります。その場合には、大人が介在しながら他児との関わりを促進することにも配慮が必要でしょう。たとえば、本人が興味のある遊びのほうに他児が参加できるように促したり、まずは遊び以外の給食の場面などで他児との交流が図れるようにしたりということが考えられます。

　他児から「いくら誘っても一緒に遊ばない子」と思われてしまわないように、他児への言葉かけもしながら、ゆっくりとなじんでいける環境を整えていきたいものです。

3．保護者への関わり

①伝えるための工夫

　保護者がどれくらい日本語を習得しているかによって、保育者は保護者とのやりとりに工夫が必要な場合があります。たとえば、父親は日本語が話せるが母親は日本語が十分ではない場合に、父親とばかりに連絡をとると、母親としては園に出入りする際に疎外感を感じてしまいます。また、子どもの育ちや保育所での様子がわからないことにより、不安を強く感じてしまうことにつながる危険性があるので注意が必要です。

　日本語が不慣れな保護者に対しては、たとえば、園からのお便りには日本語だけでなく母語を併記したり、ひらがなやルビうちをしたり、連絡帳で必要な持ち物を説明する際には、イラストや写真を使用したりする工夫がなされています。また、懇談会の際には通訳を依頼しているところもあります。そのほか、乳幼児健診や就園・就学に際して

[図表14-2-3] 就学用リーフレット英語版

公益財団法人かながわ国際交流財団ホームページ
https://www.kifjp.org/wp/news_tabunka/2572

[図表14-2-4] 神奈川県中井町の3歳児健診案内　ポルトガル語版

~3サイジケンコウシンサ~

Exame de saúde 3-year-old

(data e hora)　　2016 5/11(Wed)　11 de maio quarta-feira

recepção　　13 horas às 13 horas 15 minutos

(localização)　　Saúde e Bem-Estar Centro 2F
Escritório ao lado　ヤクバ トナリ

(levar as mercadorias)
Caderneta de Saúde Materno Infantil ボシテチョウ
Urina ニョウ
Registro de guardião ホゴシャノキロク
Investigação de olhos e ouvidos メトミミノチョウサ

(informação de contacto)：ナカイマチケンコウカ
Tel ○○－○○○○

の説明をリーフレットで発行しているところもあります。どのような
ものがあるか、調べて活用していきましょう。

②母語を制限しない

　子どもが日本語を覚え始めて他児と交流が広がってくると、もっと
日本語を習得させたいと思うものですが、そのために保護者に母語で
の子どもへの関わりを制限することは避けなければなりません。子ど
もに日本語を覚えさせることだけが、子どもやその家族にとって一番
重要なこととは限らない、ということを理解しておく必要があります。
いずれは母国に帰ることを想定している家庭もあれば、ずっと日本で
暮らしていくつもりの家庭もあるでしょう。母語を否定されることは、
アイデンティティやルーツを否定されることにつながり、とても傷つ
くことなのです。

　また、母語のほうが子どもとの自然なやりとりができる家庭で、母
語の使用を制限してしまうと、親子間の意思疎通がスムーズに図れな
くなってしまいます。そうしたデメリットも想像した支援をしなけれ
ばなりません。

③情報提供

　地域によっては、同じ国から来た人同士がネットワークをつくって
いるところや、日本語教室を開催しているNPO法人があります。また、
母語で相談できる相談機関もあります。必要に応じて、保護者に紹介
できるとよいでしょう。

③　子どもとデジタルメディア

1. 子どもを取り巻く言語環境

　科学技術の発達により、現代社会を生きる私たちはとても便利で快
適な生活を送ることができるようになりました。クリック1回で動画

を見ることができ、スイッチ１つで部屋の温度調整ができ、カード１枚、スマホ１タッチで支払いができます。以前は身体を使って行っていた洗濯や掃除といった家事も、家電の進化により手を使わずに短時間で済ませられるようになりました。インターネットで注文をすることにより地域で買い物をしなくても家まで物が届き、ほとんど人と会話をしないで暮らすことが可能になりました。

　社会のこのような環境変化は、子どもの言葉の発達にも影響を与えます。これまで見てきたように、言葉の発達には身体を使うことや言葉に触れることがとても重要です。手を使うことや言葉でのやりとりが減ってきた社会では、子どもが言葉を育てる上で必要な体験をする機会が不足してしまいます。大人は、子どもが人と触れ合い、身体を使ったさまざまな体験ができるようにより一層心がける必要があります。

２．デジタルメディアの影響

　社会環境の変化で最も著しいものはデジタルメディアの普及ではないでしょうか。デジタルメディアとは、テレビ、DVD、スマートフォン、携帯電話、タブレット端末、テレビゲーム、携帯型ゲーム、インターネットなどのことを指します。現在、私たちはこうした多様なデジタルメディアを当たり前に使いながら生活しています。デジタルメディアの活用は教育、医療などのさまざまな分野に及んでいます。学校教育でオンライン授業が可能になる、子育てアプリが孤立しがちな子育て中の母親の不安軽減に役立つ、などといった活用もされています。子どもについても、３歳で60.2％がインターネット利用を経験しており、動画や音楽を視聴しています[★3]。こうした日常はここ数年に急速に広まったものですが、心身の健康や子どもの発達にどのような影響があるのか、すでにさまざまな点が指摘されています。

★3　内閣府「令和元年度　青少年のインターネット利用環境実態調査」2021 年

［図表 14-3-1］「スマホに子守りをさせないで」ポスター

日本小児科医会ホームページ
https://www.jpa-web.org/dcms_
media/other/smh_poster.pdf

①身体的影響

　デジタルメディアを長時間利用することにより、睡眠時間の減少や、睡眠が不規則になったり睡眠の質に影響したりすること、運動不足から体力低下や肥満を招くこと、視力への影響があることなどがあげられます。

②発達への影響

　デジタルメディアの使用がほかの活動、すなわち実体験や人とのやりとりをする時間を奪ってしまうことにより、子どもの発達に影響を与えるという指摘がなされています。大人との双方向のやりとりがな

［図表 14-3-2］ 子どもとメディアの問題に対する提言

1	2歳までのテレビ・ビデオ視聴は控えましょう。
2	授乳中、食事中のテレビ・ビデオの視聴は止めましょう。
3	すべてのメディアへ接触する総時間を制限することが重要です。1日2時間までを目安と考えます。テレビゲームは1日30分までを目安と考えます。
4	子ども部屋にはテレビ、ビデオ、パーソナルコンピューターを置かないようにしましょう。
5	保護者と子どもでメディアを上手に利用するルールをつくりましょう。

日本小児科医会　子どもとメディア対策委員会、2004 年

ければ愛着の形成がなされず、社会性の発達に課題が出るかもしれません。豊かな遊びを体験しなければ言語発達や認知発達の遅れにつながる危険性があると懸念されています。

　日本小児科医会は、スマートフォンを子守代わりに使用して子どもをおとなしくさせたり泣き止ませたりする、いわゆるスマホ育児に警鐘を鳴らしています。一方で、親子で共通の話題が見つかる、子どもが退屈せずに時間を過ごせる、文字や数字を覚える、歌、ダンスなどを楽しめるなど、デジタルメディアが子どもによい影響を与えていると感じている保護者もいます。

　このように、デジタルメディアが子どもに与える影響について様々な議論がなされています。とはいえ、もはや私たちはデジタルメディアを排除した生活をすることはできません。子どもの発達への影響をよく理解し、ルールを決めながらデジタルメディアとのつき合い方を考えていく必要があるでしょう。

演習課題 ⑭

事例研究・多文化共生社会

　発達障害が疑われる子どもや、外国につながりのある子どもがいたら、保育者としてどのように対応しますか。以下の事例について、グループで話し合ってみましょう。

❶ 集団遊びになかなか加われず、1人で積み木遊びをしていることの多い4歳のA児。友だちや保育者の会話内容はある程度理解できるようですが、自らの発話はほとんどありません。ある日、隣でお店屋さんごっこをしていたB児が、「これ、ちょっと貸してね」と積み木をもっていこうとした途端、A児がB児の髪の毛をつかみ、B児が泣き出しました。

❷ 今日は、子どもたちが待ちに待った遠足。お昼になったので、子どもたちは敷物を敷き、お弁当を食べ始めましたが、C児だけ困ったようにたたずんでいます。保育者がリュックサックを確かめると、中に入っていたのは水筒とタオルだけ。海外出身の保護者が、園からのお便りをよく理解していなかったようです。

・・・・・・・・・・・・・

■振り返り、感想を伝え合いましょう。

【振り返りのポイント】

● 「幼稚園教育要領」第1章の第5「特別な配慮を必要とする幼児への指導」を確かめましょう。

※障害者に対し、「かわいそうだ」とあわれみや同情の気持ちを抱くことは、「心理的バリア」と呼ばれ、しばしば相手に苦痛を与えてしまいます。

※多文化共生社会を実現するためには、年齢や性別、障害のあるなし、国籍などを問わず、誰もが互いの存在を認め合い、尊重し合うことが大切です。

アクティビティ ⑭

課題 フランスのジャンケンを体験しよう

　グー、チョキ、パーを使うジャンケンは日本が起源で、明治時代以降世界各国に広まった文化です。一方、モンゴルやマレーシア、タイなど、その国独自のジャンケン文化をもっている国もあります。ここでは、フランスのジャンケンを体験してみましょう。

　フランスのジャンケンは、出し手が石（ピエール）、はさみ（シゾー）、葉（フェイユ）、井戸（ピュイ）の４つあります。石ははさみに勝ち、はさみは葉に勝ち、葉は石と井戸に勝ち、井戸ははさみと石に勝つことができます。図示するとこのようになります。「石（ピエール）、はさみ（シゾー）、葉（フェイユ）」の掛け声で始めてみましょう。

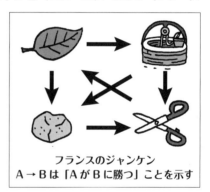

フランスのジャンケン
A → B は「A が B に勝つ」ことを示す

■ このアクティビティを振り返り、感想を伝え合いましょう。

【振り返りのポイント】

● この体験で感じた「やりにくさ」、「わかりにくさ」は、何が原因なのでしょう。

※石とはさみは勝てる相手が１つしかないのに、井戸と葉は勝てる相手が２つずつあります。三すくみのジャンケンに慣れた私たちには理解しがたい、不公平に思えるルールですが、これがフランスの文化であり、彼らにとっては普通なのです。

参考文献　稲葉茂勝『じゃんけん学──起源から勝ち方・世界のじゃんけんまで』今人舎、2015年

この章で学ぶこと・・・

● 指導計画の種類と作成のポイントを理解しよう。
● 保育の評価についての考え方を理解しよう。

学びのキーワード

教育課程　全体的な計画　指導計画
責任実習指導案　部分実習指導案

1 領域「言葉」と指導計画

1. 長期の指導計画、短期の指導計画

　主体的な遊びが大切とはいうものの、それは自由放任を意味しているわけではありません。保育者は単なる思いつきで子どもたちを遊ばせているわけではなく、計画に従って日々の保育をしています。

　幼稚園や保育所では、子どもたちの心身の発達や地域の実態に応じて、「教育課程」(幼稚園)及び「全体的な計画」(保育所、幼稚園)を編成し、それに基づいて具体的な「指導計画」を作成することとされています。

　「教育課程」は、幼稚園教育において育みたい資質・能力を踏まえたうえで、園独自の課題や目標、内容について総合的に組織した計画です。各園の最も根本的なビジョンのようなもので、これを見れば、園児が入園してから卒園するまでの成長過程をイメージすることができるようになっています。

　「指導計画」は、「教育課程」に基づいて具体的なねらいや内容、環境構成、予想される子どもの活動や保育者の動きなどを見通したものです。年間指導計画や月案など長期の指導計画と、週案や日案など短

期の指導計画がありますが、みなさんが作成する機会が多いのは日案でしょう。実習生として書く日案は「責任実習指導案」といい、さらにその一部分の活動に限定した計画を「部分実習指導案」と呼んでいます。^{★1}

ここでは、「幼稚園教育要領解説」に示されている指導計画作成のポイントを確認しておきましょう。

①発達の理解

指導計画の作成に当たっては、まず子どもたちの発達の実情を捉えることが必要です。何歳児だからこの発達段階、と類型に当てはめるのではなく、一人ひとりの子どもたちの姿をよく観察して把握しなければなりません。

図表 15-1-1【部分実習指導案の例】の＜子どもの実態把握＞にあたります。

②具体的なねらいや内容の設定

子どもたちの発達の実情を捉えたら、今度は園生活全体を見通しつつ、具体的なねらいと内容を設定します。園での生活は断片的なものではなく、日々の活動や折々の行事が有機的に積み重なって成り立っているものです。この連続性や季節感などを考慮し、子どもたちの興味や関心も加味して、ねらいや内容を設定するのです。

図表 15-1-1【部分実習指導案の例】の＜主な活動内容＞と＜部分実習のねらい＞にあたります。

③環境の構成

具体的なねらいや内容が決まったら、適切な環境を構成しなければなりません。ここで言う「環境の構成」とは、場や空間、人や物、時間など、子どもたちが具体的なねらいや内容を経験できるような状況を作り出すことです。

図表 15-1-1【部分実習指導案の例】の＜環境構成＞にあたります。

★1　指導計画の呼称や形式は、地域や養成校によってさまざまである。各自でよく確かめておくこと。

④活動の展開と保育者の援助

　子どもたちは、具体的なねらいや内容に基づいて構成された環境の中で活動するわけですが、必ずしも安定した状態でいるわけではありません。友だちとの軋轢や葛藤など、さまざまな理由から活動が行き詰まってしまうこともあります。保育者はその状況を理解し、必要な援助をすることが大切です。

　図表15-1-1【部分実習指導案の例】の〈予想される子どもの活動〉と〈保育者（実習生）の援助・配慮点〉にあたります。

２．部分実習指導案

　ここでは、3歳児と4歳児を対象とした部分実習指導案を1例ずつ示します。実際に作成するときには、主活動を「◎」、大項目を「○」、小項目を「・」で示すなど工夫し、全体の流れを見やすくしましょう。また、「保育者(実習生)の援助・配慮点」は、保育者（実習生）を主語として書きますが、「予想される子どもの活動」は子どもが主体です。いずれも主語を省略して書くことが多いのでわかりにくいかもしれません。その点、気をつけてください。

[図表 15-1-1] 部分実習指導案の例

例 ①

部分実習指導案

対象児　　（ 3 ）歳児（ 11 ）名

＜子どもの実態把握＞
食事や排泄、睡眠、清潔、衣類の着脱などに関する基本的生活習慣が身に付いてきている。日常生活に必要な語彙が増え、遊びの中で自分の欲求を主張する場面も見られる。盛んに質問をするなど知的興味が高まってきており、最近は物語性のあるお話も徐々に理解できるようになってきた。

＜主な活動内容＞	＜部分実習のねらい＞
◎言葉遊び「パンパン言葉集め」を楽しむ ◎おはなし『ネズミの嫁入り』を楽しむ	・語彙が急速に増えていく時期なので、最近は毎日、言葉遊びを楽しんでいる。「パンパン言葉集め」は、「トマト」「すいか」など、3音節の言葉を皆で集め、手拍子に合わせて次々と声に出していく遊びである。楽しみながら、音節への気づきの土台作りとしたい。 ・言葉集めの中で、動物に注目させると「ネズミ」が出てくることが予想される。ネズミはしばしば絵本の主人公にもなっており、小さくても知恵を働かせて活躍するので、園児たちに人気の動物である。昔話『ネズミの嫁入り』は、そんな小さなネズミが実は一番偉い存在だったというストーリーである。同じように小さな存在である子どもたちの自尊心・自己肯定感を高め、園生活に自信をもたせることがねらいである。

時間	環境構成	予想される 子どもの活動	保育者（実習生）の 援助・配慮点
9：15		◎言葉遊び「パンパン言葉集め」を楽しむ ○どんな言葉遊びをするのか、興味深く説明を聞いている。 ・喜びのあまり大声をあげたり立ち上がったりしてしまう子がいる。	◎言葉遊び「パンパン言葉集め」 ○「朝の会」に引き続き、言葉遊びを楽しむことを伝える。 ・落ち着いて話を聞くように促す。

261

	・保育者は壁を背にして座る。 ・椅子は、扇形に2列に並べる。使わない机は後方にまとめる。 〈用意するもの〉 特になし ※黒板あるいはホワイトボードを使用	・ルールを聞いて、理解できる子がいる一方、意味がわからず、戸惑っている子がいる。 ・見つけた言葉を元気に発言する。 ○保育者の声に合わせて、皆で声を出す。「キリン」👏👏「ウサギ」👏👏「ネズミ」 ◎おはなし『ネズミの嫁入り』を楽しむ ○おはなしを聞く準備がすぐにできる子どもがいる一方、「知っている」とか「嫁入りって何」などと質問する子どもがいる。 ○おはなしを楽しむ。 ・静かに集中して聞いている。 ・よそ見をしたり、隣の子に話しかけたりする子どもがいる。 ・「よかったね」「あんなに小さいのに一番強かったんだ」など、感想を述べる子がいる。	・ルールを説明する（今回は、「キリン」「ウサギ」「ネズミ」など、生き物で手拍子（パンパンパン）のリズムに合う言葉を皆で探すことを説明する）。 ・戸惑っている子どもがいたら、「ライオン」などの言葉を示し、リズムの違いに気づかせる。 ・集まった言葉を保育者が黒板あるいはホワイトボードに書いていく。 ○手拍子を取りながら皆で声に出すよう促す。 ◎おはなし『ネズミの嫁入り』 ○言葉遊びに出てきた「ネズミ」についてのおはなしをすることを伝える。 ・難しい言葉をあらかじめ説明した上で、おはなしを聞くときのルールを確認する。 ○子どもたちの聞く準備ができたらおはなしを始める。 ・途中で説明などを加えることはしない。もし、集中していない子どもがいたら、そっと目配せをして注意を促す。

			・余韻を残して終了する。保育者から感想を聞くことはしないが、子どもたちから自然に出てきた感想は共感的に受け止める。 ○担任の保育者に引き継ぐ。

例②

部分実習指導案

対象児　（ 4 ）歳児（ 15 ）名

<子どもの実態把握>
最近、はさみを使えるようになるなど、運動機能の発達が著しい。外遊びの時間には仲間と草花を取ったり虫を探したりして遊ぶ姿が見られる。仲間とのつながりが強くなりつつある一方で、自己主張したり、自分の思い通りにいかないことに葛藤を感じたりする場面もしばしば見られる。また、徐々に集中力がついてきており、最近では物語性のある長い絵本や紙芝居を楽しめるようになってきた。

<主な活動内容>
◎言葉遊び『なぞなぞ（妖怪シリーズ）』を楽しむ
◎絵本『さんまいのおふだ』（松谷みよ子・遠藤てるよ、童心社、1993）を楽しむ

<部分実習のねらい>
・先月、子どもたちに『かいじゅうたちのいるところ』(モーリス・センダック、冨山房、1975)の読み聞かせをしたところ非常に喜び、怖いお話に興味を示すようになった。最近では恐竜やお化けの絵本を喜んで眺めている姿が見られる。そこで、古くから日本人の生活に定着している「妖怪」をテーマにしたなぞなぞを楽しむこととした。言葉のもつイメージを豊かに広げることをねらいとしている。
・昔話をもとにした絵本『さんまいのおふだ』は、絵もストーリーも、子どもたちの冒険心や成長願望を満足させうる内容である。物語性のあるお話を興味深く聞き、想像する楽しさを味わうことがねらいである。

時間	環境構成	予想される 子どもの活動	保育者（実習生）の 援助・配慮点
	・子どもたちの集中を妨げないように、雑然とした場所を避け、すっきりとした落ち着ける場所を準備する。	◎言葉遊び『なぞなぞ（妖怪シリーズ）』を楽しむ ○保育室の片づけをする。 ・遊んでいたものを片付け、席に着く。 ・どんなお話が始まるのか、興味を持ってワクワクしている。 ・遊びを止めず、片付けない子どもがいる。	◎言葉遊び『なぞなぞ（妖怪シリーズ）』 ○保育室の片づけをしてから、実習生のもとに集まるよう伝える。 ・片付けられない子もがいたら、一緒に片付けながら声をかけて励ます。

	・椅子は、千鳥の扇形に2列あるいは3列に並べる。使わない机は後方にまとめる。	○言葉遊び『なぞなぞ（妖怪シリーズ）』を楽しむ。	○「妖怪」について説明し、妖怪のなぞなぞをすることを伝える。
	〈用意するもの〉 ・言葉カード ・絵本	・「知っている、こんなのもいるよ」等と言う子どもがいる。 ・すぐに答える子どもや、違うことを言う子ども、何も言わない子どもがいる。	・「鼻が高くて、うちわを持っている妖怪は何だ」 ・「首が長く伸びる妖怪は何だ」 ・「雪が降る夜に出てくるきれいな女の人の妖怪は何だ」 ・「山に棲んでいる怖いお婆さんの妖怪は何だ」など
		◎絵本『さんまいのおふだ』（童心社）を楽しむ。 ○読み聞かせを楽しむ。 ・静かに聞いている。 ・怖い場面で声を上げる子どもがいる。 ・終了後、「やまんば、たべられちゃったね」「助かってよかったね」など、感想を語る子どもがいる。	◎絵本『さんまいのおふだ』 ○絵本の読み聞かせをすることを伝える。 ・絵本がよく見えるか、全員に確認する。 ・読み聞かせの約束を伝える。 ・途中でお喋りをする子どもがいたら、そっと目配せするなどして気づかせる。 ・余韻を残して終了する。ただし、子どもたちから感想が出てきたら、共感的な態度で受け止める。 ○担任の保育者に引き継ぐ。

② 保育の評価と保幼小連携

１．評価の配慮事項

　保育者は常に日々の保育を振り返り評価したうえで、改善に努めなければなりません。これは一過性のものではなく、指導計画の作成⇒実際の展開と必要な援助⇒評価に基づいた新たな指導計画の作成というように、円環的な流れの中で行われるべきものです。

　では、実際、どのような考え方で評価をすればよいのでしょうか。「幼稚園教育要領」第１章第４の４「幼児理解に基づいた評価の実施」には、次のような配慮事項が示されています。

> （1）指導の過程を振り返りながら幼児の理解を進め、幼児一人一人のよさや可能性などを把握し、指導の改善に生かすようにすること。その際、他の幼児との比較や一定の基準に対する達成度についての評定によって捉えるものではないことに留意すること。
> （2）評価の妥当性や信頼性が高められるよう創意工夫を行い、組織的かつ計画的な取組を推進するとともに、次年度又は小学校等にその内容が適切に引き継がれるようにすること。

　最初に「指導の過程を振り返りながら」とあるとおり、保育の評価は、結果だけを見て評価するのではなく、指導過程の全体に対して行うべきものです。

　子どもたちの育ちは、保育の結果にほかなりません。評価をするときには、子どもたち一人ひとりの生活実態や可能性をどれだけ理解していたか、設定したねらいや環境構成は適切だったか、子どもの活動に即した援助を行ったかなど、自分自身の保育の質を多面的に振り返ることが重要です。

　指導案に基づいた保育を評価するのであれば、指導案の流れに沿っ

て、気づいたことを余白に記入しておくと、次の保育に生かせる貴重な資料となります。

　なお、子どもたちの育ちを見る際には、言葉をたくさん発するようになったなどという外面に惑わされず、相手の言葉を受け止め、相手の気持ちをよく考えられるようになったなど、見えにくい内面の成長にも留意するようにしましょう。

　また、特に気をつけなければならないのは、「他の幼児との比較」（相対評価）や「一定の基準に対する達成度についての評定」（絶対評価）によって捉えるものではないという点です。その子なりの課題や目標に対する成長を評価することが求められています。

2. 保幼小の連携

①領域「言葉」と教科「国語」

　ところで、先の配慮事項の (2) には、「〜次年度又は小学校等にその内容が適切に引き継がれるようにすること」との記述がありました。つまり、園には子どもたちの評価内容を進学先の小学校へ伝えることが義務付けられているのです。

　各園において作成した「幼稚園幼児指導要録」（幼稚園）あるいは「保育所児童保育要録」（保育所）の抄本または写しを小学校へ送付することは従来から定められていましたが、近年は「幼児期の終わりまでに育ってほしい姿」を保幼小で共有するなど、小学校との連携がことさら重要性を増しています。ここでは、連携についての考え方を確認しておきましょう。

　これまで学習してきたとおり、領域「言葉」は単独で成立するものではありません。子どもたちの言葉は、主として主体的な遊びをとおしてほかの領域と関連しながら総合的に育まれるものです。それに対

★2　「幼稚園幼児指導要録」の送付は「学校教育法施行規則」第 24 条 2 に規定されている。「保育所児童保育要録」の送付については厚生労働省からの通知事項となっている）。

し、小学校の教科「国語」の内容は、〔知識及び技能〕と〔思考力、判断力、表現力等〕に大別され、それらを主として教科書によって学んでいきます。

　両者はまったく性質の違うものでありながら、特に年長児をもつ保護者にとって、幼稚園や保育所での学びが小学校の教科にどのように接続していくのか、大きな関心事になっています。園でしっかり文字を教えないことに不安を募らせる保護者も少なくありません。

　幼稚園や保育所では、どの程度まで小学校につながる学習をすべきなのでしょうか。「幼稚園教育要領」第2章「ねらい及び内容」の前文には次のように記されています。

　なお、特に必要な場合には、各領域に示すねらいの趣旨に基づいて適切な、具体的な内容を工夫し、それを加えても差し支えないが、その場合には、それが第1章の第1に示す幼稚園教育の基本を逸脱しないよう慎重に配慮する必要がある。

　つまり、必要であれば園独自の内容を工夫して取り入れても構わないが、主体的な遊びを中心とする幼稚園教育の基本を逸脱してはならない、というわけです。

　たとえば、物語の読み聞かせのあとには、余韻を大切にして感想を求めないのが基本ですが、年長児にさりげなく感想を聞く程度なら問題はありません。それも、「感想を聞かせて」ではなく、保育者自身が「可哀想だったね」などと思いを語り、子どもたちの感想を触発させるとよいでしょう。また、お絵描きの発展として絵本づくりなどをすれば、子どもたちは必要性から文字を知りたがります。そのように子どもたちの主体性を生かしながら、徐々に文字に親しませるようにするのが適切です。

②交流の促進

　ところで近年、小学校生活になじめない新1年生が増えています。

いわゆる小1プロブレムといわれるこの現象には、いくつかの原因が考えられますが、その一つに園生活との段差があります。本来、段差は、子どもたちの成長に欠かせないスプリングボードです。この段差を乗り越えることによって、心身ともに1年生らしい逞しさが身につくのです。

ところが、遊びのなかで伸び伸びと学んできた子どもたちにとって、45分間じっとしている授業は当然ながらはじめてのことです。近年の子どもたちは、そこに大きなとまどいや不安、苦痛を感じてしまうようです。「幼稚園教育要領」第1章第6「幼稚園運営上の留意事項」には、次のような記述もあります。

> 特に、幼稚園教育と小学校教育の円滑な接続のため、幼稚園の幼児と小学校の児童との交流の機会を積極的に設けるようにするものとする。

このなかの「積極的に」という部分は、従来の「幼稚園教育要領」にはなく、2017(平成29)年の改訂で新たに追加された言葉です。小学校との交流が喫緊の課題であることを物語っています。

現場はどこも忙しく、交流を進めるためにはそれなりの覚悟が必要ですが、まずは、保育者と小学校関係者とでコミュニケーションを密にすることから始めるとよいでしょう。相互の参観や意見交換などをとおして、互いの教育内容や教育目標、子どもたちの生活実態などを伝え合い、理解を深め、信頼感を醸成したいものです。そうした意思疎通を経て、小学校側が運動会や給食に園児を招待するなどの交流が始まり、継続的に発展させている事例も増えてきています。

演習課題 ⑮

領域「言葉」と指導計画

　「指導計画」に関する言葉がいくつも出てきました。整理してノートにまとめましょう。

・・・・・・・・・・・・

■振り返り、感想を伝え合いましょう。

【振り返りのポイント】

● 「指導計画」は、「教育課程」や「全体的な計画」を具体化したものです。長期と短期に分けて整理してみましょう。

● 「幼稚園教育要領」を開いて、「幼稚園教育の基本」を振り返ってみましょう。

アクティビティ ⑮

課題その1　領域「言葉」と指導計画

　「言葉」の育ちを意識した部分実習指導案を作成し、模擬保育形式で実践しましょう。

課題その2　保育の評価と保幼小連携

　あなたが保育者なら、小学校とどのような連携をしますか。子どもたちが交流する具体的な場面を隣同士で話し合ってみましょう。

・・・・・・・・・・・・・

■ このアクティビティを振り返り、感想を伝え合いましょう。

【振り返りのポイント】

● 主活動として、「おはなし」「絵本」「紙芝居」の中から一つ、季節や年齢を考慮して取り上げるとよいでしょう。

● 2人で分担し、保育者と小学校教諭とに分かれて話し合いをするのも楽しそうですね。

16 現代社会と言葉

この章で学ぶこと・・・

● 幼児の言語を育む環境が変化していることを理解しよう。
● 現代社会の幼児とメディアの関係および課題について理解しよう。

学びのキーワード

言語環境　　人間関係と言葉の発達
家庭と地域の教育力　　メディアとの関わり

1　子どもを取り巻く言語環境

1. 言葉を育む環境の変化

①家庭や地域の教育力低下

　家庭や地域は子育ての基盤であり、言葉の育ちの原点ともいえる大切な環境です。ところが、近年その家庭や地域の教育力に陰りがみられます。

　かつて、日本の家庭は子どもの数が多く三世代同居が当たり前でした。子どもは、兄や姉、祖父母など複数の家族に見守られ、声をかけられて育っていったのです。家庭内の多くの人とコミュニケーションをとっていくことは、親以外の価値観や考え方、趣味や生活スタイルの多様性にふれることにもつながっていました。ところが、戦後すんだ核家族化と少子化は、子育て環境に大きな変化をもたらしました。厚生労働省の調査によると、調査をとり始めた 1953（昭和 28）年の平均世帯人員は、5.00 人[1]でしたが、2016（平成 28）年は 2.47 人[2]に

★1　厚生労働省「平成 26 年　グラフでみる世帯の状況──国民生活基礎調査（平成 25 年）の結果から」2014 年
★2　厚生労働省「平成 28 年　国民生活基礎調査の概況」2016 年

減少しています。

　少子化や夫婦共働きの家庭が増えたことは、子どもを取り巻く言語環境を大きく変えていきました。忙しい親の代わりに、親とはまた違った愛情を注ぎ、無償のぬくもりを与えてくれる祖父母などの存在が身近にあることは、子どもにとって実は大変幸せなことだったのです。

　育児をする親の立場から考えてみても、見守る大人の目が少なくなったことは親の負担増加を意味し、育児疲れによるネグレクトや虐待といった悲劇を生みだしてしまうことにもつながります。また、子どもの立場から考えても、いろいろな大人が子どものさまざまな状況に対して的確に対応するのを目の当たりにして育つことは、将来、成長したときに役に立つでしょう。

　地域社会のあり方も変わってきました。かつては、地域全体で子どもに声をかけ、見守り、育てていました。しかし最近になって個人主義がすすみ、お互いが無関心になっていき、それまで地縁で固く結ばれていた人間関係を貧弱なものにしてしまいました。今、地域の子どもたちが間違ったことをしていても、叱ることができる大人はわずかではないでしょうか。

②実体験の希薄化

　科学技術の進展により、私たちはさまざまな便利さや快適さを享受していますが、その一方で失ってしまったものもたくさんあります。

　たとえば、戦前の生活と比べてみましょう。今はスイッチ１つで自動的にお風呂が沸く時代ですが、昔はかまどに薪をくべて沸かしていました。風呂たきはたいてい子どもの仕事で、なかには小さな弟や妹を背負いながら火の番をしていた子もいたのです。マッチをすったことのない現代っ子には、燃え盛る炎の熱さや躍動感はわからないでしょう。

　また、自動車に乗れば自宅と駅の間を快適に移動することができます。しかし、歩くことによって実感できる太陽の眩しさ、季節による

木々の変化、空気の匂い、暑さや寒さ、道行く人々の話し声などに出会うことはありません。

あるいはまた、飲み物1つ買うにも、今は自動販売機にお金を入れてボタンを押せばすみ、一言も言葉を発する必要がありません。昔はお店に行って、「これください」とよびかけ、お店の人とあれこれ言葉でやりとりしないと買えなかったのです。

実感をともなった体験は、言葉を発するうえでの大切な基盤となるものです。しかし、だからといって、いまさら戦前の生活に戻ることはできません。現代社会という枠のなかで、子どもたちの最善の利益を追求することが必要になります。そのために、保育者は子どもたちを取り巻く言語環境についてしっかりと認識し、子どもたちの言葉を育む体験を取り戻す視点をもち続けることが大切です。

2. 子どもとメディア

①子どもたちを取り巻く言語環境

自由な時間や空間、仲間が減少し、子どもたちの豊かな言葉を育む遊びが貧弱なものになりつつあります。また前述の通り、便利さの追求が他者とのコミュニケーションを必要としない世の中をつくり、言葉を育む生活体験も減少しています。ここでは、メディアの影響について取り上げ、その対策としての伝承遊びの可能性について考察していきます。

②テレビと言葉の発達

メディアとは、情報の伝達を行う中間的（media）存在を意味し、伝達のための手段、方法、媒体、媒体機器、マス・メディアを総称していいいます。

高度成長期、テレビは「三種の神器」ともいわれた貴重品でしたが、今では一家に複数台の時代を迎えました。テレビの画面に映し出される幼児向け番組は子どもたちをくぎづけにし、時に長時間にわたって

子どもの動きを止め、言葉を発しない時間をつくってしまいます。

　昨今の幼児向けDVDやテレビの画像は、色彩もカラフルで場面転換も早く、想像したり、疑問をもったりする余地を与えません。また、効果音も不自然さが目立ち刺激が強いと感じるものもあります。つまり、製作者側によって子どもの気を引くためのさまざまな仕掛けがなされているわけです。しかし、見ている子どもは常に受け身の状態であり、発信される盛りだくさんの情報を浴びるように過ごすことになります。一見、映像を通して多くの言葉や歌を聞くために、言葉の発達によい影響を与えるように思いますが、一方通行の言葉のやりとりではコミュニケーション能力は育まれていきません。

　相手が実際に発する音声による言葉のリズムや抑揚、伝えるときの顔の表情や目の動きや身振り、手振りまでを含めて子どもは相手に向き合い、生身の相手を観察しながら、空気を伝って届く言葉を意識していきます。繰り返し聞き何度もまねして発声することで、その言葉に興味をもち、言葉を理解し話すことにつながっていくのです。

　ほかの動物にはない人間の特徴は、言葉をもっていることです。そして、誰かと話したいという欲求、話しかけられたいという欲求をもっています。いかなる環境にあっても、言葉によるコミュニケーションだけで相手を安心させたり、勇気づけたり、幸せな気持ちにさせたりすることができるのは、メディアを超えた人間のなせる技でしょう。いかにメディアが進歩しようと、生身の人間から発せられる言葉の力に勝ることはありません。

　厚生労働省と「日本小児保健協会」★3は、幼児健康度全国調査を1980（昭和55）年以降10年ごとに実施して、幼児の健康度に関する継続的な比較研究を実施しています。2010（平成22）年での調査対象は、満1歳から7歳未満の幼児5,352人で調査結果が報告されてい

★3　「日本小児保健協会」は、70年以上の歴史をもつ協会で各種セミナーや講習会などを実施。幼児健康度全国調査を10年ごとに実施している。

[図表 16-1-1] 「お子さんは普段どんな遊びをしていますか」【2歳以上】
複数選択

	調査児の年齢区分				合計 （人）
	2 歳	3 歳	4 歳	5 ～ 6 歳	
ごっこ遊び	404	485	507	651	2,047
お絵かき・粘土・ブロック などの造形遊び	522	484	503	727	2,236
絵本	457	397	351	456	1,661
テレビ・ビデオ	382	354	322	466	1,524
テレビゲームやゲーム機	25	72	119	303	519
ボール・すべり台など運動遊び	497	398	366	500	1,761
自転車・三輪車など	249	263	300	488	1,300
その他	81	67	51	85	284
不明	126	14	21	35	196
ケース合計	792	623	649	931	2,995

（注）ケース合計は、設問に回答する対象者数（回答者数）を意味する。
厚生労働省・日本小児保健協会「2010 年幼児健康度調査結果」2010 年

ます。図表 16-1-1 は、調査結果のなかから子どもがふだん、どの
ような遊びをしているのかについて調査した回答結果です。

　図表 16-1-1 の調査結果から、室内遊びの絵本とテレビ・ビデオ
に着目してみると、2 歳児ではテレビ・ビデオで遊んでいる子どもよ
り絵本で遊んでいる子どもが多かったのに対し、5 ～ 6 歳児になると
テレビ・ビデオがやや上回ります。また、テレビゲームやゲーム機で
遊んでいる子どもの数は、2 歳児から 5 ～ 6 歳児に向かってうなぎの
ぼりに増えています。また、同調査によるテレビ・ビデオの視聴に関
する詳細な回答結果をみてみますと、「テレビやビデオを見せている」
が全体で 94％、「見せていない」は 4％、忙しいなどの理由で「よく
見せている」が 44％、「ときどき見せている」は 46％ でした。この数
値から、90％ 以上の保護者が、忙しいなどの理由でテレビやビデオに
子守りをさせていることがわかります。また、視聴時間についての年
齢別調査結果では、低年齢層ほどテレビやビデオを利用した育児が行

[図表 16-1-2] 「テレビゲームやゲーム機で遊んでいますか」【2 歳以上】

	調査児の年齢区分				合計
	2 歳	3 歳	4 歳	5 〜 6 歳	
遊んでいない	74.7%	70.0%	57.2%	37.8%	58.5%
遊んでいる	1.8%	6.7%	11.7%	22.6%	11.4%
時々遊んでいる	7.6%	20.9%	27.6%	36.2%	23.6%
不明	15.9%	2.4%	3.5%	3.4%	6.5%
合計	100%	100%	100%	100%	100%

厚生労働省・日本小児保健協会 「2010 年幼児健康度調査結果」 2010 年

われていることが浮き彫りになりました。

　次に、テレビゲームやゲーム機と言葉の発達について考えてみたいと思います。図表 16- 1 - 2 は、テレビゲームやゲーム機に特化した調査結果です。

　図表 16- 1 - 2 の調査結果からは、5 〜 6 歳児になるとテレビゲームやゲーム機で遊んでいる子どもが60% 弱もいることがわかります。子どもは、すぐにゲーム機を使いこなし夢中になります。ゲーム機で遊んでいるときの子どもの様子は、言葉をひとつも発することなく手だけを巧みに動かしボタンを押しています。仮想現実の世界に長時間浸ることは、自分の思いを伝え他人の思いを感じとる力に障害をきたし、人間形成にまで影響を与えていくことが多方面から指摘されています。

　だからこそ、保護者や保育者は、子どもが幼児期のうちに各メディアとの接触時間に気を配り、食事中はテレビを見ない・ゲームはしないなどのルールを決める必要があります。メディア機器に囲まれて生活せざるを得ない時代だからこそ、メディアを完全に断ち切る時間を設けることも必要です。

　現在、各地でメディア機器と距離を置いた生活を模索する動きがあり、テレビや情報機器から離れて家族との会話を楽しんだり、ともに過ごす 1 日をつくることを推奨し実践している地域団体も出てきてい

ます。

③メディアの普及とスマホ育児

　現代のメディア機器の代表であるスマートフォンは、この10年ほどの間に世界中に普及しました。

　このような現代社会にあって、昨今親が乳幼児にスマートフォンを与えている場面に出くわすことが多くなりました。ベビーカーに乗った子どもが、大人の手つきをまねてスマートフォンの画面を操作する光景に多くの懸念の声が上がっています。2歳未満の子どもにとって、スマートフォンからの光や音、動く画面は過剰な刺激です。スマートフォンを渡された子どもは、皆一様に画面を食い入るように見つめ、指がふれるだけで画面が変わる不思議さに夢中になってしまい、ぐずるどころか言葉を発することすら忘れてしまいます。

　この「スマホ育児」について、「子どもたちのインターネット利用について考える研究会[★4]」では、2016（平成28）年7月から研究活動を始め、その活動報告書を公開しています。その調査結果によれば、多くの保護者が「スマホ育児」に対し、何らかの不安を感じながらも使わずにはいられない状況にあるとのことです。そうしたことを踏まえ、会では保護者向けセルフチェックリスト（3〜6歳）を提供し、メディア利用の望ましい使い方を促しています［図表16-1-3］。

　9か月以降の子どもは、周囲に目をむけ観察するようになります。もしこのとき、子どもの視界にスマートフォンがあり、母親の視線がスマートフォンの画面にむけられていたら、やはり子どももそちらに注意がいってしまうでしょう。特に2歳未満の子どもは、親や周囲の人の声、表情、体の動きを感じ取り、外界のさまざまな事象に興味や関心を広げていくときです。母親や大人と視線を合わせ、多くを語り

★4　「子どもたちのインターネット利用について考える研究会（座長：お茶の水女子大学教授坂元章）」は、2008年にYahoo!とネットスターの各株式会社が共同で設立した研究会。子どもたちをインターネットの危険から守るために、ネット利用による防犯教育や調査研究を実施している。

[図表 16-1-3] 望ましいメディアの利用法

メディア利用	利用の方法として望ましい例
時間帯	ベッドや布団に入る1時間前までに利用を終える。
時間数	1回15分まで。1日当たりの利用時間は1時間を上限とし、自宅での遊び時間の半分を超えない。
用途や内容	年齢相応の内容かどうか保護者が確かめ、動画やゲームは受け身で終わる利用は減らす。
利用法	子どもの利用中には目を配り、子どもの問いかけや反応に応える。内容について話をする。
利用場所	保護者の目の届く場所。食卓、寝室、移動中の車内での利用は避ける。

子どもたちのインターネット利用について考える研究会「子どもたちのインターネット利用について考える研究会第八期報告書」より「表1：未就学児の情報機器・インターネット利用のあり方のまとめ」をもとに作成

かけてもらうことで脳が発達し、その実体験を繰り返し重ねることで安心して言葉や感情、聞く力を育んでいくのです。

　子どもは、生まれてからの生活環境のなかで聞いたこと、見たこと、感じたこと、ふれたことなど実体験のすべてを統合し、模倣を繰り返しながら言葉を育み、表現することを楽しむようになります。だからこそ、誕生直後から耳を通じて関わることを意識し、子どもの目を見つめ、語りかけ歌いかけていく周囲の大人の関わりが大切なのです。

　領域「言葉」では、「人の言葉や話などをよく聞き、自分の経験したことや考えたことを話し、伝え合う喜びを味わうこと」を「ねらい」の一つとしています。人の言葉を聞き、相手に自分の言葉で伝える喜びを味わうための聴覚機能や言語機能は、安心できる環境のなかで人との関わりを通すことによって、育むことができるのです。

④メディアの利用

　「幼稚園教育要領」には、「指導計画の作成上の留意事項」として、「幼児期は直接的な体験が重要であることを踏まえ、視聴覚教材やコンピュータなど情報機器を活用する際には、幼稚園生活では得難い体験を補完するなど、幼児の体験との関連を考慮すること」と示されています。「幼稚園生活では得難い体験を補完する」とある通り、あく

まで体験を補うために視聴覚教材やコンピュータを利用するというスタンスです。

　NHK 放送文化研究所が実施した「幼児視聴率調査」の結果によれば、幼児が1日にテレビを見る時間は平均1時間ですが、そのうち録画番組や DVD を再生して視聴利用している時間は1日平均54分だったそうです。つまり、映像の媒体が多様化したことで、時間に縛られることなく視聴時間を選択できる時代になったのです。日常生活のなかにおいても、映像のさまざまな利用方法が広がっていることが予想されます。2020年度施行された「小学校学習指導要領」では、教育内容の主な改善事項として、情報活用能力の育成を示しています。小学校以降の教育現場では、タブレット端末を用いた授業の導入やプログラミング的思考の育成もすすめられており、今後も幼児期から児童期におけるメディア機器との距離のとり方は、多方面において検討され続けていくことでしょう。

　メディアを効果的に使うことにより、幼児の感性や豊かな情操、言語能力を育てていくことが可能となります。

　保育者は、「幼稚園生活では得難い体験」を補完できるような視聴覚媒体の選択と利用の仕方を、見極めていくことが大切です。

演習課題 ⑯

言葉の楽しさ・美しさ

❶ 「雨」、「雲」、「悲しみ」など、自然や感情に関係する言葉を類語辞典などで集めてみましょう。

❷ 子どもたちが言葉の楽しさや美しさに気づくために、保育者はどのようなことを心がければよいでしょうか。

・・・・・・・・・・・・

■振り返り、感想を伝え合いましょう。

【振り返りのポイント】

● 四季の変化に富んだ日本は、自然現象や感情を表す言葉が豊富です。豊かな語彙をもち、日常生活のなかで言葉が適切に使える保育者になれるとすてきです。

● 日本語は、平仮名、片仮名、漢字など、文字種が多いだけでなく、漢語、和語、外来語が混在しており、同音語も多いことから、しゃれや語呂合わせができやすいという特徴があります。しかも自由度が高く、文中の語順を変えたり主語や助詞を抜いたりできるため、さまざまな形につくりかえて楽しむことができます。みなさんも子どもの頃、「回文」（「いかたべたかい」「ようかんかうよ」など）や「ぎなた読み」（「ここにほん」「おれはげたか」など）で遊んだ記憶があるのではないでしょうか。

　子どもたちとのさりげない会話や日々の遊びのなかで、言葉の楽しさや美しさに気づかせる配慮を心がけましょう。

アクティビティ ⓰

課題　保育とロボット

　科学技術の進歩はとどまるところを知らず、福祉や教育の分野にもロボットが浸透しつつあります。先日、筆者が新聞を読んでいたら、「読み聞かせロボット」の広告が目にとまりました。小さな動物型の人形に昔話や童話が何百も収録されていて、ボタンを押すと再生されるしくみです。パッケージ写真には、「想像力を育みます」「聞く力・考える力が発達」などと大きく表示されていました。保育の世界にロボットを導入することの是非について、話し合ってみましょう。

❶ クラス全体をＡとＢの2つに分けます。自分の考えとは違うかもしれませんが、Ａはロボットの製作者側（保育・教育のロボット化に賛成）、Ｂは伝統的な保育を尊重する保育者（保育・教育のロボット化に反対）です。

❷ 司会者を立て、それぞれの立場になりきって意見を述べ合いましょう。

・・・・・・・・・・・・・

■ このアクティビティを振り返り、感想を伝え合いましょう。

【振り返りのポイント】

● コミュニケーションの本質とは、何なのでしょう。

● 子どもにとって最善の利益とは、何なのでしょう。

※勝敗をつけたり、結論を出したりするものではありません。双方の立場から意見を述べ合うことで、問題意識を共有し、深めるのが目的です。

索引

参考文献

- 青木智子・水國照充「ICT に関する養育者の態度と子どもへの影響——愛着障害の視点から考える」『国際 ICT 利用研究学会論文誌』1（1）2017 年、23-30 頁
- 阿刀田高『ことば遊びの楽しみ』岩波書店、2006 年
- 生田美秋・藤本朝巳・石井光恵『ベーシック　絵本入門』ミネルヴァ書房、2013 年
- 今井和子監修『小学館のおやこ図鑑プチ NEO　ことばあそび』小学館、2008 年
- 今井むつみ『ことばの発達の謎を解く』筑摩書房、2013 年
- 岩立志津夫・小椋たみ子編『言語発達とその支援』ミネルヴァ書房、2002 年
- 内田伸子『発達の心理　ことばの獲得と学び』サイエンス社、2017 年
- 右手和子・西山三郎・若林一郎『紙芝居をつくる』大月書店、1990 年
- 江頭恵子・鈴木永子『赤ちゃんの発達のふしぎ』大月書店、2014 年
- 遠藤利彦・佐久間路子・徳田治子・野田淳子『乳幼児のこころ』有斐閣、2011 年
- 大石敬子・斎藤佐和子「言語発達障害における音韻の問題——読み書き障害の場合」『音声言語医学』(40)1999 年、378-387 頁
- 大藪泰『赤ちゃんの心理学』日本評論社、2013 年
- 岡田安代「就学前の外国人の子どもへの学校生活指導・日本語指導の進め方　愛知県プレスクール実施マニュアル」
  http://www.pref.aichi.jp/uploaded/attachment/16359.pdf
- 小田豊・芦田宏・門田理世編著『保育内容　言葉』北大路書房、2009 年
- 外国出身保護者のための支援サイト「幼稚園・保育園の連絡帳を書こう！」
  http://www.renrakucho.net/jpn/to-teacher.shtml#sec4
- 甲斐鈴恵「子どもの電子メディア接触に関する保護者の意識——認定こども園などに通う子どもの保護者を対象に」『日本小児看護学会誌』28 巻、2019 年、325-332 頁
- 加太こうじ『紙芝居昭和史』立風書房、1971 年
- 神蔵幸子・宮川萬寿美編著『生活事例からはじめる保育内容総論』青踏社、2014 年
- 上地ちづ子『紙芝居の歴史』久山社、1997 年
- 河原紀子監修・執筆、港区保育を学ぶ会執筆『0 ～ 6 歳子どもの発達と保育の本』学研、2011 年
- 関係学会・関係学ハンドブック編集委員会編『関係学ハンドブック』関係学研究所、1994 年
- かんもくネット編、金原洋治監修・はやしみこ『どうして声が出ないの？——マンガで分かる場面緘黙』学苑社、2013 年
- 国立国語研究所編『幼児の読み書き能力』東京書籍、1972 年
- ことばと教育の会・田近洵一編『教室のことば遊び』教育出版、1984 年
- 子どもネット研「子どもたちのインターネット利用について考える研究会」
  http://www.child-safenet.jp/activity/2757/
- 五味太郎『ことばのえほん　あいうえお』絵本館、1992 年
- 坂村健『高等学校　社会と情報』数研出版、2013 年
- 佐藤和夫「スマホ育児が子どもに与える影響およびその対策」『外来小児科』21（1）2018 年、51-56 頁
- サリー・シェイウィッツ、藤田あきよ訳、加藤醇子医学監修『読み書き障害（ディスクレシア）のすべて』PHP 研究所、2006 年
- ジェーン・エアーズ、佐藤剛監訳『子どもの発達と感覚統合』協同医書出版、1982 年
- ジェーン・ドゥーナン、正置友子・灰島かり・川端有子訳『絵本の絵を読む』玉川大学出版部、2013 年
- 柴崎正行・戸田雅美・秋田喜代美編著『保育内容「言葉」』ミネルヴァ書房、2010 年
- 島村直己・三神寛子「幼児のひらがなの習得——国立国語研究所の 1967 年の調査との比較を通して」『教育心理学研究』(42) 1994 年、70-76 頁
- 社団法人日本小児科医会「子どもとメディア」対策委員会「[子どもとメディア] の問題に対する提言」2004 年
- スーザン・カーチス、久保田競・藤永安生訳『ことばを知らなかった少女ジーニー　精神言語学研究の記録』築地書館、1992
- 鈴木棠三『ことば遊び』中央公論社、1975 年

■ 高橋登「読み書きの発達とその障害」大伴潔・大井学編著『特別支援教育における言語・コミュニケーション・読み書きに困難がある子どもの理解と支援』学苑社、2011 年
■ 髙橋洋子「高橋五山による『ピーターラビット』の紙芝居化から劇遊びへの展開」『法政大学大学院紀要』(86) 2021 年、62-69 頁
■ 田中昌人・田中杉恵『子どもの発達と診断 1』大月書店、1982 年
■ 田中昌人・田中杉恵『子どもの発達と診断 2』大月書店、1990 年
■ 田中昌人・田中杉恵『子どもの発達と診断 3』大月書店、1984 年
■ 田中昌人・田中杉恵『子どもの発達と診断 4』大月書店、1986 年
■ 田中昌人・田中杉恵『子どもの発達と診断 5』大月書店、1988 年
■ 田中昌人『乳児の発達診断入門』大月書店、1990 年
■ 戸田雅美編著『演習保育内容言葉』建帛社、2009 年
■ 長野ヒデ子編著、右手和子・やべみつのり『演じてみよう　つくってみよう　紙芝居』石風社、2013 年
■ 針生悦子『赤ちゃんはことばをどう学ぶのか』中央公論新社、2019 年
■ 樋口清之『日本人の歴史〈11〉禁忌と日本人』講談社、1982 年
■ 廣嶋忍・堀彰人『子育てと健康シリーズ㉒子どもがどもっていると感じたら』大月書店、2004 年
■ 藤本朝巳『絵本のしくみを考える』日本エディタースクール出版部、2007 年
■ 藤本朝巳・生田美秋編著『絵を読み解く　絵本入門』ミネルヴァ書房、2018 年
■ 古舘綾子『でんでんでんしゃがやってくる』岩崎書店、2002 年
■ 星野圭朗『オルフ・シュールベルク理論とその実際──日本語を出発点として』 全音楽譜出版社、1993 年
■ 牧野桂一・山田眞理子『ことばが育つ保育支援──牧野・山田式言語保育発達検査の活用』エイデル研究所、2013 年
■ 正高信男『0 歳児が言葉を獲得するとき──行動学からのアプローチ』中公新書、1993 年
■ 増田まゆみ編著『乳児保育』北大路書房、2009 年
■ 松岡享子『お話とは』東京子ども図書館、2009 年
■ 松岡享子『子どもと本』岩波書店、2015 年
■ 松岡享子『よい語り──話すこと I』東京子ども図書館、2008 年
■ 丸山圭三郎『言葉とは何か』筑摩書房、2008 年
■ 丸山圭三郎『言葉と無意識』講談社、1987 年
■ 森上史朗『0 歳児の世界』世界文化社、1987 年
■ 谷田貝公昭監修、廣澤満之編「言葉」(実践　保育内容シリーズ④)」一藝社、 2014 年
■ レイチェル・カーソン、上遠恵子訳『センス・オブ・ワンダー』新潮社、1996 年

執筆者紹介 （執筆順、＊は編著者）

馬見塚 昭久＊ （まみづか あきひさ）
はじめに、第1～9章、第15章、演習課題①～⑨、⑪、⑭～⑯、
アクティビティ①～⑫、⑭～⑯を担当
常葉大学保育学部准教授

小倉 直子＊ （おぐら なおこ）
はじめに、第10章、演習課題⑩、⑫を担当
小田原短期大学保育学科准教授

花岡 清美 （はなおか きよみ）
第11章を担当
常葉大学短期大学部保育科非常勤講師

宮川 萬寿美 （みやかわ ますみ）
第12章を担当
小田原短期大学保育学科特任教授

安村 由希子 （やすむら ゆきこ）
第13章を担当
尚絅大学こども教育学部准教授

杉﨑 雅子 （すぎざき まさこ）
第14章を担当
小田原短期大学保育学科准教授

望月 たけ美 （もちづき たけみ）
第16章、演習課題⑬、アクティビティ⑬を担当
常葉大学教育学部准教授

編集協力：株式会社桂樹社グループ
本文イラスト：寺平京子、宮下やすこ
本文デザイン：株式会社桂樹社グループ
装丁・表紙イラスト：北尾隆好

保育学生のための「幼児と言葉」「言葉指導法」

| 2022 年 1 月 20 日　初版第 1 刷発行 | 〈検印省略〉 |
| 2023 年 11 月 20 日　初版第 5 刷発行 | |

定価はカバーに
表示しています

編著者	馬見塚　昭　久
	小　倉　直　子
発行者	杉　田　啓　三
印刷者	藤　森　英　夫

発行所　株式会社　ミネルヴァ書房
607-8494　京都市山科区日ノ岡堤谷町 1
電話代表 (075) 581 - 5191
振替口座 01020 - 0 - 8076

亜細亜印刷

ISBN978-4-623-09251-2

Printed in Japan

よくわかる！
保育士エクササイズ

B5判／美装カバー

ミネルヴァ書房
https://www.minervashobo.co.jp/